はしがき

― 商業を営む中規模株式会社の経理担当を目指す人、
商業簿記の実践と原理の展開とを学ぼうとする人へ ―

本書は、公益社団法人全国経理教育協会（いわゆる全経）・簿記能力検定試験（後援／文部科学省・日本簿記学会）２級商業簿記の『公式問題集』である。本書と合わせて、別に『公式テキスト』が刊行されているので、これも手元に置いて学習されることをお奨めする。

全経では、会社の近年の経済・経営環境の変化に対応すべく、経営管理の基礎となる簿記ならびに会計の見直し作業を継続的に行ってきた。その結果は、令和６年度より実施されることになった「簿記能力検定試験出題範囲」表に掲載されている。

本問題集は、この範囲表を受け、既述の『公式テキスト』に沿った形で、練習問題を掲載しているが、本番の試験問題は、おおよそ次のような構成を取っているので、受験にあたって参考にして欲しい。ただし、順番、内容等は目安である。

第１問　仕訳問題
第２問　総勘定元帳の見方の問題あるいは会計構造
　　　　：貸借対照表と損益計算書に係る問題とこれに付随する会計情報、
　　　　　例えば、当期純利益や売上総利益などの計算に係る問題
第３、４問　各種帳簿等に係る問題
第５問　精算表等、決算に係る問題

以上により、まんべんなく２級商業簿記の能力を判定・評価し、合格者の能力と水準を保証することになる。

簿記の学習には、繰り返しの練習が不可欠である。本『問題集』により、技能を磨かれ、合格証書を手にされることを祈っている。

なお、全経には「団体試験制度」があり、大学や高校、専門学校など教育機関で受験希望者を一定数集められると、その機関での受験が可能になる。詳しくは、全経事務局（03-3918-6133）に問い合わせて欲しいが、文部科学省の後援を受けているので、大学の授業、ゼミ等でも採用可能である。

また、採点作業、答案保管などができない場合の相談も受け付けている。

令和６年２月

一橋大学名誉教授・商学博士
新田　忠誓

ネットスクール株式会社
桑原　知之

公益社団法人 全国経理教育協会 主催　　文部科学省・日本簿記学会 後援

簿記能力検定試験受験要項

試験日　年4回（5月、7月、11月、2月）実施
※5月と11月は上級を除きます。

受験資格　男女の別，年齢，学歴，国籍等の制限なく誰でも受けられます。

受験料（税込）

上級		7,800円	2級　商業簿記	2,200円
1級	商業簿記・財務会計	2,600円	2級　工業簿記	2,200円
	原価計算・管理会計	2,600円	3級　商業簿記	2,000円
			基礎簿記会計	1,600円

試験会場　本協会加盟校　※試験会場の多くは専門学校となります。

申込方法　協会ホームページの申込サイト（https://app.zenkei.or.jp/）にアクセスし，メールアドレスを登録してください。マイページにログインするためのＩＤとパスワードが発行されます。

上級受験者は，試験当日，顔写真付の「身分証明書」が必要です。

マイページの検定実施一覧から検定試験の申し込みを行ってください。２つの級を受けることもできます。

申し込み後，コンビニ・ペイジー・ネットバンキング・クレジットカード・キャリア決済・プリペイドのいずれかの方法で受験料をお支払ください。受験票をマイページから印刷し試験当日に持参してください。試験実施日の２週間前から印刷が可能です。

試験時間　試験時間は試験規則第５条を適用します。開始時間は受験票に記載します。

合格発表　試験日から１週間以内にインターネット上のマイページで閲覧できます。ただし，上級については２か月以内とします。※試験会場の学生，生徒の場合，各受付校で発表します。

［受験者への注意］
1．申し込み後の変更，取り消し，返金はできませんのでご注意ください。
2．上級受験者で，「商簿･財務」の科目を受験しなかった場合は「原計･管理」の科目を受験できません。
3．受験者は，試験開始時間の10分前までに入り，受験票を指定の番号席に置き着席してください。
4．解答用紙の記入にあたっては，黒鉛筆または黒シャープペンを使用してください。
簿記上，本来赤で記入する箇所も黒で記入してください。
5．計算用具（計算機能のみの電卓またはそろばん）を持参してください。
6．試験は，本協会の規定する方法によって行います。
7．試験会場では試験担当者の指示に従ってください。

この検定についての詳細は，本協会又はお近くの本協会加盟校にお尋ねください。

検定や受付校の詳しい最新情報は、
全経ホームページでご覧ください。
「全経」で検索してください。
http://www.zenkei.or.jp/

郵便番号　１７０－０００４
東京都豊島区北大塚１丁目13番12号
公益社団法人　全国経理教育協会
ＴＥＬ　０３（３９１８）６１３３
ＦＡＸ　０３（３９１８）６１９６

試験範囲区分表

簿記会計学の基本的素養が必要な営利・非営利組織	3級	2級	1級
	小規模株式会社	中規模株式会社	大規模株式会社
基礎簿記会計	商業簿記	商業簿記	商業簿記・財務会計
1　簿記の基本構造			
1．基礎概念（営利）			
a．資産，負債，純資産			
b．収益，費用			
c．損益計算書と貸借対照表との関係			
2．取引			
a．取引の意義			
b．取引の種類			
c．取引の構成要素（8要素）			
3．勘定			
a．勘定の分類			
b．勘定記入の原則	評価勘定		
c．仕訳と転記			
d．貸借平均の原理			
4．帳簿			
a．主要簿			
仕訳帳			
（現金出納帳）			
総勘定元帳			
b．補助簿			
(次の2　諸取引の処理　参照)			
	5．証ひょう		
		6．帳簿組織	
		a．単一仕訳帳制	
			b．特殊仕訳帳制
2　諸取引の処理			
1．現金預金			
a．通貨	通貨代用証券		
現金出納帳			
	b．現金過不足		
	c．小口現金		
	小口現金出納帳		
d．普通預金			
	e．当座預金	当座借越	
	当座預金出納帳	当座	
		当座勘定出納帳	銀行勘定調整表
		f．納税準備預金	
			g．別段預金
		h．外貨預金	
	i．定期預金（一年以内）		
		2．手形	
		a．約束手形の振出，受入，取立，支払	為替手形の振出、受入、引受、取立、支払
		営業外受取手形・支払手形	(自己宛為替手形)
		b．裏書及び割引	(自己受為替手形)
		c．手形の更改	自己受外貨建為替手形
		d．手形の不渡り	
			e．外貨建荷為替手形（荷為替手形）
		f．受取手形記入帳　支払手形記入帳	
		g．金融手形	
		借入，貸付における証書代用の手形	
			h．保証債務
3．売掛金と買掛金			
a．売掛金，買掛金	売掛金（得意先）元帳，買掛金（仕入先）元帳		
		b．クレジット売掛金	
		c．電子記録債権・債務	
			d．仕入割引
			e．外貨建売掛金・買掛金
4．その他の債権と債務等			
a．貸付金，借入金			
	b．未収（入）金，未払金		
	c．前払金(前渡金),前受金(予約販売を含む)		
	d．立替金，預り金		
	e．仮払金，仮受金		
			f．商品券（自社）
		g．他店（共通）商品券	
	5．有価証券		
	a．有価証券の売買		
		b．売買目的有価証券の評価	
			c．端数利息
			d．有価証券の貸付・借入・差入・預り・保管
	6．貸倒れと貸倒引当金		
	a．貸倒れの処理		
	b．差額補充法		

7．商品
a．分記法
b．売上原価対立法(個別／月次)
c．三分法
返品
売上帳・仕入帳
e．払出原価の計算
先入先出法 …… 移動平均法 …… 総平均法
商品有高帳
f．期末商品の評価
棚卸減耗
商品評価損
g．履行義務の充足
一時点に充足
一定期間にわたり充足
(基本的なもの－営業第1期)

9．固定資産
a．有形固定資産の取得 …… 割賦購入(利息は定額法処理のみ)
圧縮記帳
直接控除方式
積立金方式
固定資産台帳
b．建設仮勘定
c．リース債務の整理
オペレーティング・リース取引
ファイナンス・リース取引
利子込み法
借手側の処理
定額法
d．資産除去費用の資産計上
e．減価償却
定額法 …… 定率法
生産高比例法
記帳法・直接法 …… 間接法
f．有形固定資産の売却 …… 有形固定資産の除却
g．無形固定資産
ソフトウェア(自社利用)
h．固定資産の減損
i．投資その他の資産
満期保有目的の債券
償却原価法－定額法
子会社株式
関連会社株式
その他有価証券
(税効果を含む)
出資金
長期前払費用
投資不動産

10．繰延資産
繰延創立費，繰延開業費，
繰延社債発行費（等），
繰延株式交付費，繰延開発費

11．引当金
賞与引当金，修繕引当金 …… 商品保証引当金，債務保証損失引当金，
退職給付引当金

12．資産除去債務

13．純資産（資本）
a．資本金
b．引出金

14．収益と費用
商品販売益，家賃収入，サービス収入など …… 売上，雑益など …… 償却債権取立益，受取手数料など …… 負ののれん発生益，社債発行費(等)，
受取利息
仕入，交際費，支払手数料，租税公課，雑損など
福利厚生費，保管料，支払リース料，
創立費，開業費，株式交付費など
開発費，減損損失など
給料，広告費，水道光熱費，発送費，旅費，
交通費，通信費，消耗品費，修繕費
支払家賃，支払地代，保険料，雑費，
支払利息

15．税金
a．所得税
b．固定資産税
c．消費税（税抜方式） …… 決算整理
d．法人税・住民税・事業税

3　株式会社

1．資本金
a．設立
b．増資
通常の新株発行 …… 資本準備金・利益準備金の資本金組入
c．減資

2．資本剰余金
a．資本準備金 …… 減少
株式払込剰余金
b．その他資本剰余金
資本金減少差益，資本準備金減少差益

	3．利益剰余金 b．その他利益剰余金 繰越利益剰余金	a．利益準備金 任意積立金 5．剰余金の配当等 a．剰余金の配当 b．剰余金の処分(基本的なもの)	減少 中間配当 (複雑なもの) 8．会社の合併 15．社債 a．発行及び利払 b．期末評価　定額法
		4　本支店会計 1．支店会計の独立 2．本支店間の取引 4．本支店合併財務諸表 b．本支店損益計算書の合併及び 本支店貸借対照表の合併 内部利益なし	3．支店相互間の取引 支店分散計算制度 本店集中計算制度 a．未達事項の整理
		5　外貨建取引等の換算 1．外貨の換算	2．外貨建取引の換算
6　決算 1．試算表 3．精算表 6欄（桁）精算表 4．収益と費用の損益勘定への振替 5．純損益の資本金勘定への振替 6．帳簿の締切り 英米式 繰越試算表 7．財務諸表 a．損益計算書と貸借対照表 勘定式・無区分	2．決算整理 商品棚卸，減価償却，貸倒見積，現金過不足， 営業費用の繰延と見越 8欄（桁）精算表 繰越利益剰余金勘定への振替	売買目的有価証券の評価， 収益と費用の繰延と見越および再振替 勘定式・区分損益計算書	満期保有目的の債券・その他有価証券の評価， リース取引の整理，繰延資産の償却，社債の評価など 大陸式 資産，負債および純資産の開始残高勘定と 閉鎖残高勘定への振替 報告式（会社法） c．株主資本等変動計算書（基本的なもの） 8．連結財務諸表 a．連結精算表（基本的なもの－支配獲得日）
7　その他の組織形態の会計 5．非営利団体 a．収入，支出 b．現金出納帳 c．元帳 d．試算表 e．会計報告書			
			8　会計に関する法令等 1．会社法 会社法施行規則 会社計算規則 2．企業会計原則
			9　財務諸表の分析 （基本的なもの） ROA（総資産利益率） ROE（自己資本利益率） 総資産負債比率・自己資本比率 流動比率 当座比率

全経　簿記能力検定試験　公式問題集　２級商業簿記

CONTENTS

試験 標準勘定科目表

3級　商業簿記

資産勘定	小口現金	当座預金	定期預金	有価証券	繰越商品
消耗品	前払金	支払手付金	前払家賃	前払地代	前払保険料
従業員貸付金	立替金	従業員立替金	未収金	仮払金	仮払消費税
負債勘定	未払金	未払税金	未払給料	未払広告費	未払家賃
未払地代	前受金	受取手付金	預り金	従業員預り金	所得税預り金
社会保険料預り金	仮受金	仮受消費税			
純資産（資本）勘定	繰越利益剰余金				
収益勘定	売上	有価証券売却益	雑益	雑収入	
費用勘定	売上原価	仕入	貸倒引当金繰入(額)	貸倒損失	減価償却費
交際費	支払手数料	租税公課	有価証券売却損	雑損	
その他の勘定	現金過不足	貸倒引当金			

2級　商業簿記

標準的な勘定科目の例示は次のとおりです。　　※新たに２級で学習する勘定科目のみを示しています。

資産勘定	納税準備預金	外貨預金	受取手形	クレジット売掛金	電子記録債権
売買目的有価証券	営業外受取手形	他店商品券	前払利息	未収手数料	未収家賃
未収地代	未収利息	未収還付消費税	仮払法人税等	リース資産	手形貸付金
建設仮勘定	長期貸付金	不渡手形			
負債勘定	支払手形	手形借入金	当座借越	電子記録債務	営業外支払手形
未払利息	未払賞与	未払役員賞与	未払法人税等	未払配当金	未払消費税
前受利息	前受家賃	前受地代	リース債務	賞与引当金	修繕引当金
長期借入金	特別修繕引当金				
純資産（資本）勘定	資本準備金	利益準備金	新築積立金	別途積立金	
収益勘定	受取手数料	受取家賃	受取地代	償却債権取立益	為替差益
受取配当金	固定資産売却益				
費用勘定	棚卸減耗費	商品評価損	賞与	役員賞与	福利厚生費
保管料	○○引当金繰入	支払リース料	手形売却損	為替差損	創立費
開業費	株式交付費	固定資産売却損			
その他の勘定	当座	○○減価償却累計額	支店	本店	有価証券運用損益
法人税等					

問題編

Chapter 1 とおるポイント

Section 1 仕入諸掛と移動平均法

●仕入諸掛の処理

商品仕入れのさいに要した付随費用は、すべて仕入勘定に含めて処理します。

遠野商店から商品¥10,000を掛けで仕入れ、これに付随して発生した運賃¥1,000を現金で支払った。

（借）仕	入	11,000	（貸）買　掛　金	10,000
	¥10,000＋¥1,000		現　　　金	1,000

●商品有高帳

商品有高帳とは、商品ごとの在庫を管理するために作成される帳簿です。

〔取　引〕

4月3日　商品A 60個を1個あたり¥100で仕入れた。

4月5日　商品A 40個を1個あたり¥120で売り上げた。

〔先入先出法〕

商品有高帳

商品A

X3年		摘要	受入 数量	受入 単価	受入 金額	払出 数量	払出 単価	払出 金額	残高 数量	残高 単価	残高 金額
4	1	前月繰越	15	80	1,200				15	80	1,200
	3	仕入	60	100	6,000				75{ 15	80	1,200
									60	100	6,000
	5	売上				40{ 15	80*1	1,200			
						25	100*2	2,500	35	100	3,500

*1 4/1の単価　*2 4/3の単価　　　売上原価

〔移動平均法〕

商品有高帳

商品A

X3年		摘要	受入 数量	受入 単価	受入 金額	払出 数量	払出 単価	払出 金額	残高 数量	残高 単価	残高 金額
4	1	前月繰越	15	80	1,200				15	80	1,200
	3	仕入	60	100	6,000				75	96*3	7,200
	5	売上				40	96*3	3,840	35	96	3,360

*3 ¥7,200÷75個＝@¥96　　　売上原価

●**左記取引による売上原価および売上総利益**

	先入先出法	移動平均法
売上高	¥ 4,800 ①	¥ 4,800 ①
売上原価	¥ 3,700 ②	¥ 3,840 ③
売上総利益	¥ 1,100 ④	¥ 960 ⑤

①@¥120×40個＝¥4,800
②¥1,200＋¥2,500＝¥3,700
③@¥96×40個＝¥3,840
④¥4,800－¥3,700＝¥1,100
⑤¥4,800－¥3,840＝¥960

Section 2 クレジット売掛金

●クレジット売掛金

商品を販売したときに、相手がクレジットカードを使って代金を支払うときは、信販会社に対する債権をクレジット売掛金勘定（資産）で処理し、信販会社に対する手数料は支払手数料勘定で処理します。

⑴商品￥10,000をクレジット払いの条件で販売した。なお、信販会社（カード会社）のクレジット手数料（販売代金の４％）は販売時に認識する。

（借）	クレジット売掛金	9,600	（貸）売　　　上	10,000
	支払手数料	400		

⑵クレジット売掛金￥9,600が当座預金口座に振り込まれた。

（借）	当座預金	9,600	（貸）クレジット売掛金	9,600

クレジット売掛金は、貸借対照表上、売掛金に含めて表示します。

Section 3 他店商品券

●商品券受取時（商品引渡時）

他店発行の商品券 ￥3,000と引換えに同額の商品を販売した。

（借）	他店商品券	3,000	（貸）売　　　上	3,000

●精算時

他店発行の商品券 ￥3,000の代金を請求し、現金で精算を受けた。

（借）	現　　　金	3,000	（貸）他店商品券	3,000

仕入諸掛と移動平均法

仕入諸掛

基本 ★★★☆☆ check!

➡解答・解説 P.2

日付	／	／	／
✓			

▼次の各取引について三分法により仕訳を示しなさい。

1．福岡商店から商品￥720,000を仕入れ、代金のうち￥450,000は小切手を振り出して支払い、残額は掛けとした。なお、引取運賃￥26,000は、現金で支払った。

2．福岡商店から仕入れた上記商品のうち品違いの商品￥60,000分を返品し、買掛金と相殺した。

3．香川商店へ商品￥820,000を売り渡し、代金のうち￥400,000は小切手を受け取り、ただちに当座預金に預け入れた。残額は、掛けとした。

4．香川商店へ売り渡した上記商品のうち、品違いがあったので￥80,000分の商品を返品し、売掛金と相殺した。

	借　方　科　目	金　　額	貸　方　科　目	金　　額
1				
2				
3				
4				

商品有高帳

基本 ★★★☆☆ check! 日付 ／ ／ ／ ✓

➡解答・解説 P.3

▼次の資料によって、（イ）先入先出法と、（ロ）移動平均法による商品有高帳の記入を行い、売上総利益を算定しなさい。なお、帳簿を締め切る必要はない。

3月1日　前月繰越　20個　@￥1,000
　　8日　仕　　入　30個　@￥1,200
　15日　売　　上　25個　@￥2,000
　23日　仕　　入　15個　@￥1,360

（イ）先入先出法

商　品　有　高　帳

ラーボ

×　年		摘　要	受入 数量	受入 単価	受入 金額	払出 数量	払出 単価	払出 金額	残高 数量	残高 単価	残高 金額

売上総利益：　￥

（ロ）移動平均法

×　年		摘　要	受入 数量	受入 単価	受入 金額	払出 数量	払出 単価	払出 金額	残高 数量	残高 単価	残高 金額

売上総利益：　￥

クレジット売掛金

クレジット売掛金①

基本 ★★★☆☆ check! 日付 ／ ／ ／ ✓

➡解答・解説 P.4

▼次の一連の取引について仕訳を示しなさい。

①当期に商品￥300,000をクレジット払いの条件で販売した。なお、信販会社（カード会社）のクレジット手数料（販売代金の４％）は販売時に認識する。

②信販会社から、上記のうち￥200,000について４％の手数料を引いた手取額￥192,000が、当社の当座預金口座に振り込まれた。

③クレジット売掛金残高に対して、３％の貸倒引当金を差額補充法により設定する。なお、貸倒引当金の残高は￥1,000である。

	借方科目	金額	貸方科目	金額
①				
②				
③				

クレジット売掛金②

➡解答・解説 P.5

▼以下の決算整理前残高試算表（一部）に基づき、当期の貸借対照表および損益計算書を作成しなさい。なお、当期は、×7年4月1日から×8年3月31日までの1年である。

残 高 試 算 表　（単位：円）

現金預金	200,000	貸倒引当金	2,000
売掛金	330,000	売上	2,000,000
クレジット売掛金	190,000		
支払手数料	10,000		

［資　料］　決算整理事項等

(1)　以下の取引の処理が未処理である。

①売掛金のうち¥70,000が得意先より当座預金口座に振り込まれた。

②商品を¥50,000でクレジット払いの条件で販売した。クレジット手数料は販売代金の５％であり、販売時に認識する。

(2)　売掛金期末残高に対して３％、クレジット売掛金期末残高に対し２％の貸倒引当金を差額補充法により設定する。

貸借対照表　（単位：円）

Ⅰ 流動資産	
現金預金	（　　　）
売掛金	（　　　）
貸倒引当金	（△　　　）

損益計算書　（単位：円）

Ⅰ 売上高	（　　　）
Ⅲ 販売費及び一般管理費	
貸倒引当金繰入	（　　　）
支払手数料	（　　　）

他店商品券

問題5 他店商品券の処理

基本 ★★☆☆☆ check! 日付 ／ ／ ／

➡解答・解説 P.6

▼次の取引について仕訳を示しなさい。

①鶴橋百貨店は、顧客丙川さんに商品 ¥100,000を販売し、ともしび百貨店協会の会員である北浜百貨店が発行した商品券 ¥80,000を受け取り、残額は現金で受け取った。

②鶴橋百貨店は、手許に保有している北浜百貨店発行の商品券 ¥80,000を現金で精算した。

	借 方 科 目	金 額	貸 方 科 目	金 額
①				
②				

Chapter 2
とおるポイント

Section 1 当座借越

●当座借越とは

あらかじめ銀行と当座借越契約を結ぶことで、当座預金残高を超えて小切手を振り出しても、超過額を一時的に銀行が立て替えて支払ってくれます。
この立て替えられた金額を当座借越といいます。

●当座借越の処理

(1)借越時

東山商店より商品 ¥350,000を仕入れ、代金は小切手を振り出して支払った。当座預金残高は¥100,000であり、借越限度額¥300,000の当座借越契約を結んでいる。

①二勘定制の場合

(借)	仕　入	350,000	(貸)	当座預金（資産の減少）	100,000
			(貸)	当座借越（負債の増加）	250,000

当座預金（資産）と当座借越（負債）の２つの勘定科目を使うから二勘定制といわれる処理方法です。なお、当座借越は借入金の１つです。注意してくださいね。

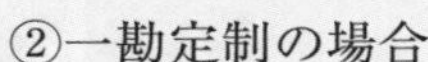

②一勘定制の場合

(借)	仕　入	350,000	(貸)	当　座	350,000

(2)借越返済時

現金 ¥400,000を当座預金口座に預け入れた。

①二勘定制の場合

(借)	当座借越（負債の減少）	250,000	(貸)	現　金	400,000
	当座預金（資産の増加）	150,000			

②一勘定制の場合

(借)	当　座	400,000	(貸)	現　金	400,000

当座借越がある状況で当座預金口座への預入れを行うと、当座借越分を優先的に返済し、残額を当座預金とします。

Section 2

外貨預金

●外貨預金

外貨預金とは、ドルやユーロなど、外国通貨で預けた預金をいいます。外貨預金や、海外への商品の輸出、海外からの商品の輸入など、取引価額が外国通貨の単位で表示される取引を外貨建取引（がいかだてとりひき）といいます。

(1)現金￥100,000を1,000ドルに交換し、外貨預金に預け入れた。預入時の為替レートは1ドル￥100であった。

(借)			(貸)	
外貨預金	100,000＊		現金	100,000

＊1,000ドル×￥100/ドル＝￥100,000

(2)決算時に外貨預金1,000ドルについて換算替えを行った。決算時の為替レートは1ドル￥105であった。

(借)			(貸)	
外貨預金	5,000＊		為替差益	5,000

＊(￥105/ドル－￥100/ドル)×1,000ドル＝￥5,000

(3)外貨預金1,000ドル（簿価￥105,000）全額を引き出し、円に交換し現金として受け取った。引出し時の為替レートは1ドル￥103であった。

(借)			(貸)	
現金	103,000＊1		外貨預金	105,000
為替差損	2,000＊2			

＊1　1,000ドル×￥103/ドル＝￥103,000

＊2　(￥103/ドル－￥105/ドル)×1,000ドル＝△￥2,000

当座借越

当座借越（二勘定制）①

基本 ★★★☆☆ check!

日付	／	／	／
✓			

➡解答・解説 P.7

▼次の連続した取引について、当座預金勘定と当座借越勘定の２つの勘定を用いて処理する方法（二勘定制）で仕訳を行いなさい。

4月10日　関西商店より商品 ¥600,000を仕入れ、代金は小切手を振り出して支払った。なお、当座預金勘定の残高は ¥200,000であり、借越限度額 ¥500,000の当座借越契約を結んでいる。

4月11日　東海商店より売掛金の回収として ¥500,000の小切手を受け取り、直ちに当座預金とした。

	借 方 科 目	金 額	貸 方 科 目	金 額
4月10日				
4月11日				

問題2 当座借越（二勘定制）②

基本	★★★☆☆	check!	日付	／	／	／
				✓		

➡解答・解説 P.7

▼次の一連の取引について、仕訳を示すとともに、与えられた勘定へ転記しなさい。

①取引銀行と当座借越契約を結び（限度額 ￥400,000）、現金 ￥25,000を同行の当座預金口座に預け入れた。
②福井商店に対する売掛金 ￥18,000を、同店振出しの小切手で回収し、直ちに当座預金とした。
③高知商店に対する買掛金 ￥70,000の支払いのため、小切手を振り出した。
④長崎商店に対する売掛金 ￥35,000について、かねて当社が振り出した小切手を回収した。
⑤事務所の家賃 ￥47,000を、小切手を振り出して支払った。
⑥今月分の当座借越についての利息 ￥3,000が当座預金口座から引き落とされた。

	借方科目	金額	貸方科目	金額
①				
②				
③				
④				
⑤				
⑥				

当座預金

当座借越

勘定への転記にあたっては、取引の番号、相手科目及び金額を記入すること。

外貨預金

外貨預金①

基本 ★★★☆☆ check!

➡解答・解説 P.8

日付	／	／	／
✓			

▼次の一連の取引について仕訳を示しなさい。

①現金￥1,100,000を10,000ドルに交換し、外貨預金に預け入れた。預入時の為替レートは1ドル￥110であった。

②決算時に外貨預金10,000ドルについて換算替えを行った。決算時の為替レートは1ドル￥108であった。

③外貨預金10,000ドル全額を引き出し、円に交換し現金として受け取った。引出し時の為替レートは1ドル￥113であった。

	借方科目	金額	貸方科目	金額
①				
②				
③				

外貨預金②

▼以下の決算整理前残高試算表（一部）に基づき、当期の貸借対照表および損益計算書を作成しなさい。なお、当期は、×7年4月1日から×8年3月31日までの1年である。解答用紙のすべてが埋まるとは限らない。

残 高 試 算 表 （単位：円）

現 金	100,000	為 替 差 益	10,000
当 座 預 金	330,000		
外 貨 預 金	305,000		
為 替 差 損	2,000		

［資 料］ 決算整理事項等

(1) 残高試算表の外貨預金の内訳は次のとおりである。

外貨建価額	預 入 日	預入日のレート
2,000 ドル	×7年4月1日	¥100/ ドル
1,000 ドル	×7年10月1日	¥105/ ドル

(2) 決算日の為替レートは、１ドル¥102である。

貸 借 対 照 表 （単位：円）

Ⅰ 流 動 資 産

現 金 預 金 （ ）

損 益 計 算 書 （単位：円）

Ⅳ 営 業 外 収 益

（ ）（ ）

Ⅴ 営業外費用

（ ）（ ）

Chapter 3 とおるポイント

Section 1 約束手形

●約束手形とは

約束手形とは、手形所有者に対して、決まった日（支払期日）に手形に書かれている金額(手形代金)を支払うことを約束する証券です。

支払期日のことを、満期日、決済日、決済期日ということもあります。

●約束手形の処理

約束手形の支払人(振出人) ──→ 支払手形勘定で処理
約束手形の受取人(名宛人・指図人) ──→ 受取手形勘定で処理

⑴手形振出時

嵐山商店より商品¥300,000を仕入れ、代金は同店宛の約束手形を振り出して支払った。

(借) 仕　　入	300,000	(貸) 支払手形（負債の増加）	300,000

⑵決済時

上記約束手形の支払期日となり、手形代金¥300,000を当座預金を通じて支払った。

(借) 支払手形（負債の減少）	300,000	(貸) 当座預金	300,000

⑶手形受取時

八瀬商店に商品¥300,000を売り渡し、同店振出しの約束手形を受け取った。

(借) 受取手形（資産の増加）	300,000	(貸) 売　　上	300,000

⑷決済時

上記約束手形の支払期日となり、手形代金¥300,000を当座預金を通じて受け取った。

(借) 当座預金	300,000	(貸) 受取手形（資産の減少）	300,000

Section 2

手形貸付金と手形借入金

●貸付時 貸主

現金 ¥10,000を貸し付け、借用証書の代わりに手形を受け入れた。

(借)	手形貸付金（資産の増加）	10,000	(貸) 現金	10,000

貸付と同時に手形を受け取った場合、手形貸付金勘定を用いることになります。
そうでない場合には貸付金とします。

●回収時

上記の貸付金の返済を受け、利息 ¥100とともに現金を受け取った。

(借)	現金	10,100	(貸) 手形貸付金（資産の減少）	10,000
			受取利息（収益の発生）	100

●借入時 借主

現金 ¥10,000を借り入れ、借用証書の代わりに手形を振り出した。

(借)	現金	10,000	(貸) 手形借入金（負債の増加）	10,000

借入と同時に手形を振り出した場合、手形借入金勘定で処理します。
そうでない場合には借入金とします。

●返済時

上記の借入金の返済をし、利息 ¥100とともに現金を支払った。

(借)	手形借入金（負債の減少）	10,000	(貸) 現金	10,100
(借)	支払利息（費用の発生）	100		

Section

3 手形の割引き・裏書き

●手形の割引きとは

手形の割引き（割引譲渡）とは、所有している手形を支払期日前に金融機関（銀行等）に持ち込んで一定の手数料（割引料）を支払って買い取ってもらうことをいいます。

●手形の割引きの処理

八瀬商店振出しの約束手形￥300,000を銀行で割引譲渡し、割引料￥1,500が差し引かれ残額を当座預金とした。

（借）	当座預金	298,500	（貸）受取手形（資産の減少）	300,000
	手形売却損（費用の発生）	1,500		

重要！ 手形を割り引いた場合、割引日から支払期日までの期間の利息に相当する額（割引料）を支払います。割引料は手形売却損勘定で処理します。

●手形の裏書きとは

手形の裏書きとは、所有している手形を支払期日前に第三者に譲ることをいいます。

●裏書譲渡の処理

岩倉商店より商品￥150,000を仕入れ、御室商店より受け取っていた約束手形￥150,000を裏書譲渡した。

（借）	仕入	150,000	（貸）受取手形（資産の減少）	150,000

Section 4 手形の更改

●手形の更改とは

手形の更改とは、手形債務者が支払期日に資金の都合がつかないときに、手形債権者の承諾を得て、支払期日を延長することをいいます。

●手形更改時

山本商事は、藤川商店に対する買掛金の支払いのため、￥40,000の約束手形を振り出していたが、資金の見通しが立たないため、藤川商店に手形の更改を申し入れ、利息 ￥1,000は新手形に含めることとした。

山本商事

借方	金額	貸方	金額
(借)支払手形（負債の減少）	40,000	(貸)支払手形（負債の増加）	41,000
支払利息（費用の発生）	1,000		

藤川商店

借方	金額	貸方	金額
(借)受取手形（資産の増加）	41,000	(貸)受取手形（資産の減少）	40,000
		受取利息（収益の発生）	1,000

●手形決済時

上記の手形が満期日に当座預金を通じて決済された。

山本商事

借方	金額	貸方	金額
(借)支払手形	41,000	(貸)当座預金	41,000

藤川商店

借方	金額	貸方	金額
(借)当座預金	41,000	(貸)受取手形	41,000

Section 5 手形の不渡り

●手形の不渡り

手形の不渡りとは、手形の所持人が決済日に手形代金の支払いを受けられなくなることをいいます。

●不渡時

葛西商店の保有している受取手形 ￥30,000が不渡りとなった。なお、支払拒絶証書作成費用 ￥2,000を現金で支払った。

支払拒絶証書作成費用、遅延利息その他の諸費用が発生した場合は、不渡手形に含めます。

借方	金額	貸方	金額
(借)不渡手形（資産の増加）	32,000	(貸)受取手形	30,000
		現金	2,000

●不渡手形決済時

不渡手形として処理していた￥32,000が、満期日以降の法定利息￥500とともに当座預金口座に振り込まれた。

借方	金額	貸方	金額
(借)当座預金	32,500	(貸)不渡手形（資産の減少）	32,000
		受取利息	500

Section 6

手形記入帳

●受取手形記入帳

次の取引の明細について記録する帳簿です。

┌資産の増加			
(受　取　手　形)	××	(　　　　　)	××
(　　　　　)	××	(受　取　手　形)	××
		└資産の減少	

受取手形記入帳

×年		手形種類	手形番号	摘　要	支払人	振出人または裏書人	振出日		支払日		支払場所	手形金額	てん末		
													日付		摘　要
5	2	約手	101	売　上	東京商店	東京商店	5	2	7	31	水道橋銀行	20,000	5	31	割　引

←（受取手形）××／（　　　）××となる取引を記入→　　←（　　　）××／（受取手形）××となる取引を記入→

◆記入のしかた

①摘要欄…仕訳の貸方科目を記入します。
②支払人欄…手形代金を最終的に支払う人を記入します。
③振出人または裏書人欄…手形を振り出した人または裏書した人を記入します。
④てん末欄…手形の減少となる取引があった場合に記入します。

●支払手形記入帳

次の取引の明細について記録する帳簿です。

		┌負債の増加	
(　　　　　)	××	(支　払　手　形)	××
(支　払　手　形)	××	(　　　　　)	××
└負債の減少			

支払手形記入帳

×年		手形種類	手形番号	摘　要	受取人	振出人	振出日		支払日		支払場所	金　額	てん末		
													日付		摘　要
5	9	約手	103	仕　入	神田商店	当　社	5	9	7	10	水道橋銀行	30,000	7	10	期日決済

←（　　　）××／（支払手形）××となる取引を記入→　　←（支払手形）××／（　　　）××となる取引を記入→

◆記入のしかた

①摘要欄…仕訳の借方科目を記入します。
②受取人欄…手形代金を最終的に受け取る人を記入します。
③振出人欄…手形を振り出した人を記入します。
④てん末欄…手形の減少となる取引があった場合に記入します。

Section 7 電子記録債権・電子記録債務

●電子記録債権とは

電子記録債権とは、電子債権記録機関への電子記録をその発生・譲渡等の要件とする、既存の売掛債権や手形債権とは異なる新たな金銭債権であり、**手形に準じた会計処理**を行います。

金銭債権なので売掛金や受取手形と同様に貸倒引当金の設定対象になります。

●電子記録債権の発生

山形商店は鳥取商店への売掛金につき取引銀行を通して発生記録の請求を行い、同商店の承諾を得て電子記録債権¥60,000が発生した。

山形商店

(借)	電子記録債権（資産の増加）	60,000	(貸)	売掛金	60,000

鳥取商店

(借)	買掛金	60,000	(貸)	電子記録債務（負債の増加）	60,000

●電子記録債権の譲渡

山形商店は、電子記録債権のうち¥30,000について銀行で割引き、¥400が差し引かれた残額が当座預金口座へ振り込まれた。

山形商店

(借)	当座預金	29,600	(貸)	電子記録債権（資産の減少）	30,000
	電子記録債権売却損（費用の発生）	400			

鳥取商店

(借)	仕訳なし		(貸)		

鳥取商店にとっては債務の返済先が変わるだけなので仕訳は行いません。

山形商店は、島根商店に対する買掛金¥20,000の支払いのため、取引銀行を通じて電子記録債権の一部譲渡記録を行った。

山形商店

(借)	買掛金	20,000	(貸)	電子記録債権	20,000

鳥取商店

(借)	仕訳なし		(貸)		

●電子記録債権の消滅

決済期日となり電子記録債権の残額￥10,000について当座預金口座への入金があった。

山形商店

(借) 当座預金	10,000	(貸) 電子記録債権	10,000

鳥取商店

(借) 電子記録債務	60,000	(貸) 当座預金	60,000

└負債の減少

約束手形

問題1 約束手形の処理①

基本 ★★★★★ check! 日付 ／ ／ ／

➡解答・解説 P.10

▼次の取引について神田商店と東京商店の仕訳をしなさい。

10月18日　神田商店は仕入先東京商店に対する買掛金 ¥200,000を支払うために、同店を受取人とする約束手形＃100（支払期日12月18日）を振り出して手渡した。

12月18日　手形の決済期日につき、上記手形代金が神田商店の当座預金口座より引き落とされ、東京商店の当座預金口座に入金された。

神田商店

	借方科目	金額	貸方科目	金額
10月18日				
12月18日				

東京商店

	借方科目	金額	貸方科目	金額
10月18日				
12月18日				

約束手形の処理②

基本 ★★★★★ check! 日付 ／ ／ ／ ✓

➡解答・解説 P.11

▼次の取引について仕訳を示しなさい。

①巣鴨商店に対する買掛金 ￥38,000の支払いのため、約束手形 ￥38,000を振り出した。

②神田商店に商品を売り上げ、売上代金 ￥67,000のうち ￥30,000は先方振出しの約束手形を受け取り、残額は掛けとした。

③恵比寿商店より商品 ￥130,000を仕入れ、￥100,000については同店宛ての約束手形を振り出して支払い、残額は掛けとした。

④得意先目白商店に対する売掛金 ￥88,000のうち ￥50,000については当社を受取人とする約束手形を受け取り、残額は現金で回収した。

⑤仕入先大崎商店より商品を購入し、代金 ￥145,000のうち ￥90,000は現金で支払い、残りは大崎商店宛ての約束手形を振り出して支払った。

	借方科目	金額	貸方科目	金額
①				
②				
③				
④				
⑤				

Section 2 手形貸付金と手形借入金

問題3 手形貸付金と手形借入金の処理①

基本 ★★☆☆☆ check! 日付 ／ ／ ／ ✓

➡解答・解説 P.12

▼次の一連の取引について青森商店と山形商店の仕訳を行いなさい。

3.1　青森商店は山形商店からの資金融資の要請を受け、現金¥500,000を貸し付け、約束手形を受け取った。

8.31　青森商店は、さきに山形商店に貸し付けた ¥500,000の返済を受け、利息¥20,000とともに現金で受け取った。

青森商店

	借方科目	金額	貸方科目	金額
3.1				
8.31				

山形商店

	借方科目	金額	貸方科目	金額
3.1				
8.31				

問題4 手形貸付金と手形借入金の処理②

基本 ★★☆☆☆ check! 日付 ／ ／ ／ ✓

➡解答・解説 P.13

▼次の取引について仕訳を示しなさい。

①弁天商店から資金融資の要請を受けたので、¥500,000の小切手を振り出して渡した。

②手許資金が不足しているので、九条銀行から ¥300,000の借入れを行い、現金で受け取った。

③取引先に対する貸付金 ¥250,000を、利息 ¥5,000とともに現金で返済を受けた。

④K銀行より約束手形を振り出して ¥500,000を借り入れ、当座預金とした。

⑤大黒商店に現金 ¥800,000を貸し付け、同額の大黒商店振出しの約束手形を受け取った。

	借方科目	金額	貸方科目	金額
①				
②				
③				
④				
⑤				

Section 3

手形の割引き・裏書き

問題5 手形の割引き

基本 ★★★☆☆ check! 日付 ／ ／ ／ ✓

➡解答・解説 P.14

▼次の取引について仕訳を示しなさい。

得意先浅草商店が当社宛に振り出した約束手形 ¥350,000を取引銀行で割り引き、割引料として ¥7,000を差し引かれ、手取金は当座預金とした。

借方科目	金額	貸方科目	金額

問題6 手形の裏書譲渡①

基本 ★★★☆☆ check! 日付 ／ ／ ／ ✓

➡解答・解説 P.14

▼次の取引について山口商店と岡山商店の仕訳をしなさい。

山口商店は岡山商店に対する買掛金 ¥200,000の支払いのため、島根商店振出し、山口商店宛の約束手形を裏書して譲渡した。

山口商店

借方科目	金額	貸方科目	金額

岡山商店

借方科目	金額	貸方科目	金額

問題 7 手形の裏書譲渡②

基本 ★★★☆☆ check! 日付 ／ ／ ／ ✓

➡解答・解説 P.15

▼次の取引について仕訳を示しなさい。

①高田商店から商品 ¥76,000を仕入れ、代金は馬場商店振出し、当社宛の約束手形 ¥76,000を裏書して渡した。

②山崎商店に商品 ¥130,000を売り上げ、代金の一部は伊藤商店振出し、山崎商店宛ての約束手形 ¥100,000を裏書譲渡され、残額は掛けとした。

③有楽商店から商品 ¥190,000を仕入れ、代金のうち ¥90,000は手許に所有していた約束手形を裏書譲渡し、¥50,000は小切手を振り出し、残額は掛けとした。

	借方科目	金額	貸方科目	金額
①				
②				
③				

手形の更改

手形の更改①

基本 ★★★☆☆ check! 日付 ／ ／ ／ ✓

➡解答・解説 P.16

▼次の一連の取引について、それぞれの商店の仕訳を示しなさい。

①関内商事は、買掛金支払いのため約束手形 ¥360,000を振り出し、仕入先の保谷商事に手渡した。
②上記の約束手形が満期日をむかえたが、関内商事は資金不足のため保谷商事の承諾を得て、利息 ¥5,000を含めた新手形への書換えを行った。
③新手形が当座預金で決済された。

		借方科目	金額	貸方科目	金額
①	関内商事				
	保谷商事				
②	関内商事				
	保谷商事				
③	関内商事				
	保谷商事				

問題9 手形の更改②

基本 ★★★☆☆ check! 日付 ／ ／ ／

➡解答・解説 P.17

▼次の各取引について、両店の仕訳を示しなさい。

①郡山商店は、さきに仕入先白河商店宛てに振り出した約束手形¥400,000について、支払期日の延期を申し込み、承諾を得て、利息¥5,000を加算した新手形を振り出し、旧手形と交換した。

②手形支払人である相馬商店は手形受取人である原町商店に額面¥200,000の手形の期限につき3カ月の延期を申し入れ、同額の手形に更改した。そのさい、利息¥7,000を小切手にて支払った。

		借方科目	金額	貸方科目	金額
①	郡山商店				
	白河商店				
②	相馬商店				
	原町商店				

問題10 手形の更改③

基本 ★★★☆☆ check! 日付 ／ ／ ／

➡解答・解説 P.17

▼次の取引について仕訳を示しなさい。

先に買掛金の支払いのため、徳島商店に振り出していた約束手形¥600,000が本日満期となったが、支払資金が不足していたので、徳島商店の承諾を得て旧手形と新手形を交換した。新手形の期日までの利息¥4,200は、新手形の金額に含めることにした。

借方科目	金額	貸方科目	金額

Section 5 手形の不渡り

問題11 手形の不渡り①

基本 ★★★★☆ check! 日付 ／ ／ ／ ✓

➡解答・解説 P.18

▼次の取引について仕訳を示しなさい。

滋賀商店より受け取っていた約束手形 ¥740,000が満期日に支払われず不渡りとなったので、振出人である滋賀商店に償還請求した。償還請求費用 ¥15,000は、小切手を振り出して支払った。

借方科目	金額	貸方科目	金額

問題12 手形の不渡り②

基本 ★★★★★ check! 日付 ／ ／ ／ ✓

➡解答・解説 P.18

▼次の取引について仕訳を示しなさい。

千葉商会より売掛金の決済のために受け取り、後日、湾岸銀行で割り引いた、同商会振出し、当社宛の約束手形 ¥300,000が満期日に支払拒絶されたため、銀行より償還請求を受け、小切手を振り出して決済をした。このため、当社ではただちに拒絶証書を作成し、作成料 ¥1,800は現金で支払い、手形金額とともに支払請求をした。

借方科目	金額	貸方科目	金額

問題13 不渡手形の回収・貸倒れ

基本 ★★★★★ check! 日付 / / /

➡解答・解説 P.18

▼次の各取引について仕訳を示しなさい。

①不渡手形として処理されていた受取手形 ¥250,000が償還され、満期日以降の法定利息 ¥3,000とともに、本日、当座預金口座に振込みがあった。

②得意先早稲田商事が倒産し、同社に対する前期発生の不渡手形 ¥270,000が回収不能となったので、これを貸倒れとして処理することにした。なお、貸倒引当金の残高が ¥160,000ある。

	借方科目	金額	貸方科目	金額
①				
②				

Section 6 手形記入帳

問題14 手形記入帳

基本 ★★★☆☆ check! 日付 / / /

➡解答・解説 P.19

▼次の取引にもとづいて、支払手形記入帳に記入しなさい。

11月 4 日　愛知商店に対する買掛金 ¥200,000の支払いのため、約束手形 ¥200,000（No.18、振出日 11月4日、満期日 12月20日、支払銀行 中央銀行）を振り出した。

12月20日　上記手形が決済された。

支払手形記入帳

×1年		手形種類	手形番号	摘要	受取人	振出人	振出日	支払日	支払場所	手形金額	てん末		
											日付		摘要

受取手形記入帳

応用 ★★★☆☆ check! 日付 / / / ✓

➡解答・解説 P.20

▼次の取引を売上帳および得意先（売掛金）元帳、受取手形記入帳に記入しなさい。なお、各帳簿とも締め切る必要はない。

×2年2月3日　佐賀商店にA商品20個を単価￥40,000で売上げ、代金は掛けとした。

×2年2月10日　佐賀商店に対する売掛金の回収として、同店振り出しの約束手形#33 ￥500,000を受け取った。この約束手形の支払期日は×2年3月31日、支払場所は全経銀行本店である。

×2年2月15日　佐賀商店に対する売掛金の回収として、同店振出しの小切手￥300,000を受け取った。

売　上　帳

×2年		摘　　要	金　額

得意先（売掛金）元帳

佐　賀　商　店　　1

×2年		摘　要	借　方	貸　方	借または貸	残　高
2	1	前　月　繰　越	100,000		借	100,000

受　取　手　形　記　入　帳

×2年		摘　要	金　額	手形種類	手形番号	支払人	振出人または裏書人	振出日		期日		支払場所	てん末		
								月	日	月	日		月	日	摘要

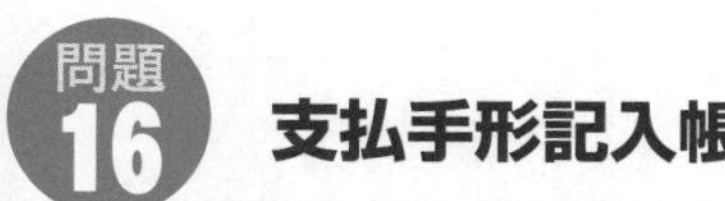

問題16 支払手形記入帳

応用 ★★★★☆ check! 日付 ／ ／ ／ ✓

➡解答・解説 P.21

▼次の取引を仕入帳および仕入先(買掛金)元帳、支払手形記入帳に記入しなさい。なお、各帳簿とも締め切る必要はない。

×2年9月2日　新橋商店からB商品200個を単価¥3,000で仕入れ、代金は掛けとした。

×2年9月10日　新橋商店に対する買掛金の支払いとして、同店宛の約束手形#23 ¥500,000を振り出して引き渡した。この約束手形の支払期日は×2年12月10日、支払場所は全経銀行本店である。

×2年9月26日　新橋商店に対する買掛金の返済として、現金¥150,000を支払った。

仕　入　帳

×2年		摘　　要	金　額

仕入先（買掛金）元帳

新　橋　商　店　　1

×2年		摘　要	借　方	貸　方	借または貸	残　高
9	1	前　月　繰　越		150,000	貸	150,000

支払手形記入帳

×2年		摘　要	金　額	手形種類	手形番号	受　取　人	振　出　人	振出日		期日		支払場所	てん末譲渡		
								月	日	月	日		月	日	

電子記録債権・電子記録債務

電子記録債権・電子記録債務①

基本 ★★★☆☆ check! 日付 ／ ／ ／

➡解答・解説 P.22

▼次の一連の取引について、それぞれの商店の仕訳を示しなさい。なお、仕訳を行う必要がない場合には、借方科目欄に「仕訳なし」と記入すること。

①小松商店は、明石商店より商品￥120,000を掛けにより仕入れた。

②小松商店は、上記仕入代金につき発生記録の請求を行い、電子記録債務￥120,000が発生した。

③明石商店は、発生記録の通知を受けていた電子記録債権￥120,000のうち、久里浜商事に対する買掛金￥70,000の支払いのため、取引銀行を通じて債権の譲渡記録を行った。

④上記①の取引により発生した電子記録債務￥120,000の支払期日が到来し、小松商店の当座預金口座より引き落とされた。

		借方科目	金額	貸方科目	金額
①	明石商店				
	小松商店				
②	明石商店				
	小松商店				
③	明石商店				
	小松商店				
④	明石商店				
	小松商店				

問題18 電子記録債権・電子記録債務②

応用 ★★★☆☆ check! 日付 ／ ／ ／ ✓
➡解答・解説 P.23

▼次の資料に基づいて、当期末における貸借対照表(一部)を完成しなさい。なお、会計期間は×７年４月１日から×８年３月31日までの１年間である。

(I) 決算整理前残高試算表

残 高 試 算 表
×８年３月31日　(単位：円)

現金預金	121,460	支払手形	30,000
受取手形	80,000	電子記録債務	6,000
電子記録債権	21,000	買掛金	108,000
売掛金	113,000	貸倒引当金	1,600

(II) 未処理事項及び決算整理事項

1．以下の電子記録債権・債務の取引の処理が未処理であることが判明した。

(1) 買掛金￥7,500の支払いのため、電子債権記録機関に取引銀行を通じて発生記録の請求を行い電子記録に係る債務が発生した。

(2) 買掛金￥6,000の支払いのため、取引銀行を通じて電子記録債権の一部譲渡記録を行った。

(3) 電子記録債権のうち￥8,000について、割引を行うために取引銀行への一部譲渡記録を行い、取引銀行から￥160を差し引かれた残額が振り込まれた。

2．売上債権（電子記録債権を含む）の期末残高に対して、差額補充法により２％の貸倒引当金を設定する。

貸 借 対 照 表
×８年３月31日　(単位：円)

資産の部			負債の部	
I 流動資産			I 流動負債	
現金預金		(　　)	支払手形	(　　)
受取手形	(　　)		電子記録債務	(　　)
電子記録債権	(　　)		買掛金	(　　)
売掛金	(　　)			
貸倒引当金	(△　　)	(　　)		

Chapter 4 とおるポイント

Section 1 売買目的有価証券の評価替え

●売買目的有価証券とは

売買目的有価証券とは、時価の変動により売買益を得ることを目的として保有する有価証券をいいます。

●有価証券運用損益勘定

売買目的有価証券に係る損益項目については、原則として有価証券運用損益勘定を用いますが、下記①～③のいずれの方法も認められています。

<table>
<tr><th></th><th>①</th><th>②</th><th>③</th></tr>
<tr><td>売却損益</td><td rowspan="2">有価証券運用損益</td><td rowspan="3">有価証券運用損益</td><td>有価証券売却損益</td></tr>
<tr><td>評価損益</td><td>有価証券評価損益</td></tr>
<tr><td>配当金</td><td>受取配当金</td><td>受取配当金</td></tr>
</table>

●売買目的有価証券の評価替え

売買目的有価証券の場合、時価をもって貸借対照表価額とし、評価差額は当期の損益とします。すなわち、次のように処理します。

簿価＜時価のとき、**有価証券運用損益勘定(収益)→(貸方)**

簿価＞時価のとき、**有価証券運用損益勘定(損失)→(借方)**

●売買目的有価証券の処理

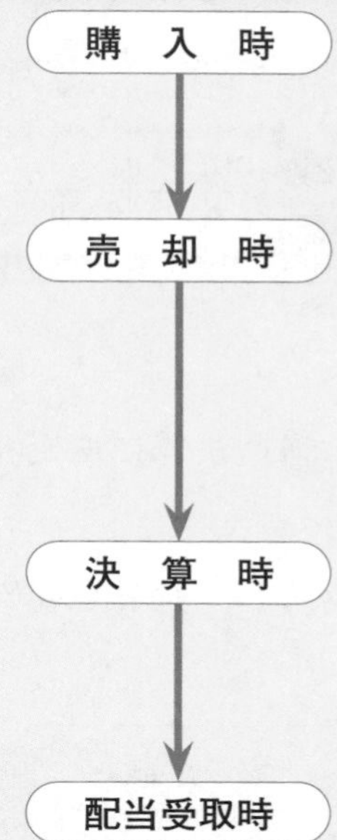

購入時

売買目的で熊本商事株式会社の株式10株を１株 ¥76,000で購入し、代金は小切手を振り出して支払った。

(借)売買目的有価証券（資産の増加）	760,000	(貸)当　座　預　金	760,000

売却時

同社の株式５株を１株 ¥77,000で売却し、手取金は当座預金とした。

(借)当　座　預　金	385,000	(貸)売買目的有価証券（資産の減少）	380,000*
		有価証券運用損益（収益の発生）	5,000

＊¥76,000 × ５株＝¥380,000
　貸方の有価証券運用損益勘定は有価証券売却益勘定でも可。

決算時

本日決算となったが、上記株式の時価は１株 ¥73,000であった。

(借)有価証券運用損益（費用の発生）	15,000*	(貸)売買目的有価証券（資産の減少）	15,000

＊(¥76,000 − ¥73,000) × ５株＝¥15,000
　借方は有価証券評価損勘定でも可。

配当受取時

所有している熊本商事株式会社株式について、同社より配当金領収証 ¥5,000を受け取った。

(借)現　　　　金	5,000	(貸)受取配当金（収益の増加）	5,000

貸方は有価証券運用損益でも可。

売買目的有価証券の評価替え

時価評価①

基本 ★★★☆☆ check! 日付 ／ ／ ／ ✓

➡解答・解説 P.24

▼次の各取引について仕訳を示しなさい。

①当社が所有する売買目的有価証券は簿価 ¥72,000であるが、当期決算にあたり、時価は ¥74,000となっている。

②当社は決算にあたり、売買目的で保有しているA社株式(簿価@¥80　時価@¥70)を 4,000株所有している。

	借方科目	金額	貸方科目	金額
①				
②				

問題2 時価評価②

基本 ★☆☆☆☆ check! 日付 ／ ／ ／ ✓

➡解答・解説 P.25

▼次の一連の取引について仕訳を示しなさい。なお、当社では、売買目的有価証券に係る損益については以下の勘定科目を用いて処理している。

有価証券運用損益	受取配当金

①当社は売買目的で乙社株式100株を@¥75,000で買い入れ、手数料¥73,600を代金とともに小切手で支払った。

②決算にあたり、乙社株式を@¥73,500に評価替えを行った。

③所有している乙社株式について、同社より株式配当金¥120,000を受取りただちに当座預金とした。

	借方科目	金額	貸方科目	金額
①				
②				
③				

Chapter 5 とおるポイント

Section 1 固定資産の処理

●有形固定資産の取得時

建物￥5,000,000を購入し、仲介手数料￥300,000とともに現金で支払った。

┌資産の増加

(借)建　　物	5,300,000	(貸)現　　金	5,300,000

●決算時

決算にさいして減価償却を行う（定額法、耐用年数30年、残存価額は取得原価の10%）。

(直接控除法の場合)

┌費用の発生

(借)減価償却費	159,000*	(貸)建　　物	159,000

(間接控除法の場合)

(借)減価償却費	159,000*	(貸)建物減価償却累計額	159,000

*（￥5,300,000 − ￥5,300,000 × 10%）÷ 30年 = ￥159,000

●有形固定資産の売却時

上記の建物を決算日の翌日に￥5,140,000で売却し、小切手を受け取った。

(直接控除法の場合)

(借)現　　金	5,140,000	(貸)建　　物	5,141,000
固定資産売却損	1,000		

└費用の発生

(間接控除法の場合)

(借)現　　金	5,140,000	(貸)建　　物	5,300,000
建物減価償却累計額	159,000		
固定資産売却損	1,000*		

*売却損益 = 売却価額 −（取得原価 − 減価償却累計額）

（取得原価 − 減価償却累計額：帳簿価額）

Section 2 建設時の処理

●建設仮勘定の処理

(1)建物を新築することになり、手付金として ¥200,000を現金で支払った。

(借)建設仮勘定 ┌資産の増加	200,000	(貸)現金	200,000

(2)×8年10月1日、建設中の上記建物が完成し引渡しを受けた。建設請負金額 ¥600,000のうち ¥200,000を小切手で支払い、残額は翌月末払いとし、建物勘定に振り替えた。

(借)建物	600,000	(貸)建設仮勘定 ┌資産の減少	200,000
		当座預金	200,000
		未払金	200,000

Section 3 期中売却

●有形固定資産の期中売却

備品（取得原価¥1,000,000、減価償却累計額¥450,000）を当期（3月決算）の8月31日に¥500,000で売却し、代金は現金で受け取った。
なお、備品について定額法（残存価額は取得原価の10%、耐用年数6年）により減価償却を行っている(間接法により記帳)。

(借)現金	500,000	(貸)備品	1,000,000
備品減価償却累計額	450,000	固定資産売却益	12,500
減価償却費	62,500*		

＊(¥1,000,000 − ¥1,000,000 × 10%) ÷ 6年 × $\frac{5カ月}{12カ月}$ = ¥62,500

固定資産売却益：¥500,000 −（¥1,000,000 − ¥450,000 − ¥62,500）= ¥12,500

Section 4
リース取引

●ファイナンス・リース取引

リース契約締結時

期首にＡ社と機械のリース契約を年間のリース料¥12,000（毎年期末払い）、期間５年の条件で締結した（利子込み法による）。

(借)リース資産	60,000	(貸)リース債務	60,000

└¥12,000×５年＝¥60,000

リース料支払時

期末になり、リース料¥12,000を当座預金より支払った。

(借)リース債務	12,000	(貸)当座預金	12,000

決算時

期末になり、リース資産の減価償却を定額法（間接法）により行う。リース期間は５年、残存価額はゼロである。

(借)減価償却費	12,000	(貸)リース資産減価償却累計額	12,000

└¥60,000÷５年＝¥12,000

●オペレーティング・リース取引

リース料支払時

期首にＡ社と行った機械のオペレーティング・リース契約について年間のリース料¥12,000（毎年期末払い）を当座預金より支払った。

(借)支払リース料	12,000	(貸)当座預金	12,000

固定資産の処理

売却

基本 ★★★☆☆ check! 日付 ／ ／ ／

➡解答・解説 P.26

▼次の取引について仕訳を示しなさい。

営業用の自動車（取得原価￥3,000,000）を￥1,500,000で売却し、代金は月末に受け取ることにした。なお、この自動車に対する減価償却累計額は、￥1,350,000であり、間接法により処理している。

借方科目	金額	貸方科目	金額

問題2 購入・決算・売却

基本 ★★★☆☆ check! 日付 ／ ／ ／

➡解答・解説 P.26

▼次の一連の取引について仕訳を示しなさい。

①×7年4月1日　備品 ￥1,000,000を購入し、代金は小切手を振り出して支払った。

②×8年3月31日　決算となったので、定額法(残存価額は取得原価の10%、耐用年数9年、間接法で記帳)により減価償却を行う。

③×8年4月1日　この備品を￥550,000で売却し、代金は現金で受け取った。

	借方科目	金額	貸方科目	金額
①				
②				
③				

問題3 購入・一部売却・決算

基本 ★★★☆☆ check! 日付 ／ ／ ／

➡解答・解説 P.27

▼次の一連の取引について仕訳を示しなさい。

①×7年4月1日　備品 ¥800,000を購入し、代金は小切手を振り出して支払った。

②×8年3月31日　決算となったので、定額法により減価償却を行う。ただし、残存価額は取得原価の10%、耐用年数6年とし、間接法で記帳している。

③×8年4月1日　備品のうち ¥300,000（取得原価）を ¥200,000で売却し、代金は現金で受け取った。

④×9年3月31日　決算となったので、減価償却を行う。

	借方科目	金額	貸方科目	金額
①				
②				
③				
④				

建設時の処理

問題4 代金の前渡し・完成引渡し・決算

応用 ★★★☆☆ check!

➡解答・解説 P.28

日付	／	／	／
✓			

▼次の一連の取引について仕訳を示しなさい。

①本社社屋の建て直しにあたり、X社に¥50,000,000で請け負わせた。請負代金のうち¥20,000,000を小切手を振り出して支払った。

②上記建物が完成したので、残額を小切手を振り出して支払い、引渡しを受けた。

③決算となったので減価償却を行う。なお、建物引渡しから決算日までは6カ月が経過している。減価償却は定額法により行う。残存価額は取得原価の10%、耐用年数は40年であり、間接法で記帳している。

	借方科目	金額	貸方科目	金額
①				
②				
③				

期中売却

問題5 期中売却

応用 ★★☆☆☆ check!

➡解答・解説 P.29

日付	／	／	／
✓			

▼次の取引について仕訳を示しなさい。

T商事株式会社（年1回、3月末日決算）は、×1年4月1日に取得した建物（取得原価 ¥6,000,000）を本日（×9年4月30日）売却し、手取金 ¥4,800,000は先方振出しの小切手で受け取り、ただちに当座預金とした。建物は耐用年数30年、残存価額は取得原価の10%、定額法により減価償却を行っており、間接法で記帳している。

借方科目	金額	貸方科目	金額

リース取引

問題6 ファイナンス・リース取引

基本 ★★★☆☆ check! 日付 / / /

➡解答・解説 P.30

▼次の一連の取引について仕訳を示しなさい。

①×1年4月1日　コピー機を年間リース料 ¥600,000（毎年３月末日払い）、期間５年間の条件でリース（ファイナンス・リース取引）を用いて調達することとした。なお、会計処理は利子込み法によること。

②×2年3月31日　第１回目のリース料を契約どおりに小切手を振り出して支払った。

③×2年3月31日　決算につき、定額法(残存価額ゼロ、耐用年数５年、間接法で記帳)により減価償却を行う。

	借方科目	金額	貸方科目	金額
①				
②				
③				

問題7 オペレーティング・リース取引

基本 ★★★☆☆ check! 日付 / / /

➡解答・解説 P.30

▼**次の資料に基づいて①×３年４月１日（リース契約日）、②×４年３月31日（リース料支払日）における三島商事株式会社の仕訳を示しなさい。なお、仕訳を行う必要がない場合には、借方科目欄に「仕訳なし」と記入すること。**

×３年４月１日、三島商事株式会社は下記の条件によって大津リース株式会社と備品のリース契約を結んだ。なお、このリース取引はオペレーティング・リース取引に該当する。

リース期間：５年

リース料：年額¥240,000（毎年３月31日に普通預金口座より支払い）

	借方科目	金額	貸方科目	金額
①				
②				

Chapter 6 とおるポイント

Section 1 貸倒引当金

●貸倒引当金の処理

初年度決算時

売掛金期末残高 ¥20,000に対して３％の貸倒れを見積もる。

(借)貸倒引当金繰入	600*	(貸)貸倒引当金	600

＊¥20,000 × ３％ = ¥600

貸倒れ時

山田商店に対する売掛金 ¥500（前期発生分）が貸し倒れた。

(借)貸倒引当金	500	(貸)売掛金	500

決算時

決算になったので、売掛金期末残高 ¥30,000に対して、３％の貸倒れを差額補充法により見積もる。

(借)貸倒引当金繰入	800*	(貸)貸倒引当金	800

＊¥30,000 × ３％ −（¥600 − ¥500）= ¥800
（¥600 − ¥500：貸倒引当金残高）

Section 2 その他の引当金

●修繕引当金

決算時

機械Ａの修繕費として ¥88,000を見積計上した。

(借)修繕引当金繰入（費用の発生）	88,000	(貸)修繕引当金（負債の増加）	88,000

修繕のため支出した時

機械Ａの修繕を行い、¥100,000を小切手を振り出して支払った。なお、設定した修繕引当金は全額取り崩した。

(借)修繕引当金（負債の減少）	88,000	(貸)当座預金	100,000
修繕費（費用の発生）	12,000		

※差額は当期の費用（修繕費）として処理します。

●賞与引当金

決算時

決算にさいし賞与引当金 ￥20,000を設定した。

	費用の発生			負債の増加	
(借)	賞与引当金繰入	20,000	(貸)	賞与引当金	20,000

↓

賞与支給時

賞与 ￥30,000を現金で支給した。

(借)	賞与引当金（負債の減少）	20,000	(貸)	現金	30,000
	賞与（費用の発生）	10,000			

貸倒引当金

前期発生債権の貸倒れ

基本 ★★★☆☆ check!

日付	／	／	／
✓			

➡解答・解説 P.31

▼次の一連の取引について仕訳を示しなさい。

①前期末において売掛金 ¥200,000に対して２％の貸倒れを見積もっていたが、当期にそのうちの ¥3,000が貸し倒れた。

②当期末において、期末売掛金残高¥300,000について２％の貸倒れを見積もる（差額補充法）。

③前期において、貸倒れとして処理していた売掛金¥3,000のうち¥500を現金で回収した。

	借　方　科　目	金　　額	貸　方　科　目	金　　額
①				
②				
③				

その他の引当金

問題2 修繕引当金・特別修繕引当金

基本 ★★☆☆☆ check!

日付	／	／	／
✓			

➡解答・解説 P.32

▼次の各取引について仕訳を示しなさい。

①機械の修繕引当金¥70,000を見積計上した。

②建物に対する特別な修繕を行い、¥1,200,000を小切手を振り出して支払ったが未処理である。なお、特別修繕引当金が ¥950,000設定されている。

	借　方　科　目	金　　額	貸　方　科　目	金　　額
①				
②				

賞与引当金

基本 ★★★☆☆ check!

➡解答・解説 P.32

日付	/	/	/
✓			

▼次の一連の取引について仕訳を示しなさい。

①決算にさいし賞与引当金の当期負担額¥720,000を計上した。
②翌期において賞与¥810,000を小切手を振り出して支払った。

	借方科目	金額	貸方科目	金額
①				
②				

Chapter 7 とおるポイント

Section 1 株式会社の資本構成

●株式会社の資本構成

資本は、貸借対照表の純資産の部に株主資本として表示します。株主資本の構成は、次のようになります。

純資産の部		
Ⅰ 株主資本		
1 資本金		650,000
2 資本剰余金		
(1) 資本準備金	60,000	
(2) その他資本剰余金	100,000	160,000
3 利益剰余金		
(1) 利益準備金	40,000	
(2) その他利益剰余金		
任意積立金	100,000	
繰越利益剰余金	50,000	190,000
純資産合計		1,000,000

資本準備金には、株式払込剰余金などが含まれます。

Section 2 株式の発行

●資本金の組入額と株式発行費用

株式の発行についてまとめると、次のとおりです。

	設立	増資
原則	払込金額の全額を資本金とする。	
容認	払込金額の$\frac{1}{2}$を資本金の最低組入額とし、資本金としない金額を資本準備金（株式払込剰余金）とする。	
株式発行費用	創立費	株式交付費

Section 3

剰余金の配当

●剰余金の配当

剰余金の配当とは、株式会社が獲得した利益を株主に支払うことです。

決算時

×8年3月31日　A社（資本金：¥2,000,000、資本準備金：¥125,000、利益準備金：¥100,000）は第1期決算において、当期純利益 ¥800,000を損益勘定から繰越利益剰余金勘定に振り替えた。

（借）損　　益	800,000	（貸）繰越利益剰余金（純資産の増加）	800,000

剰余金の配当時

×8年6月24日　定時株主総会において、繰越利益剰余金 ¥800,000につき以下の剰余金の配当が決定された。

利益準備金：¥55,000　株主配当金：¥550,000

（借）繰越利益剰余金（純資産の減少）	605,000	（貸）利益準備金（純資産の増加）	55,000
		未払配当金（負債の増加）	550,000

利益準備金は、剰余金の配当として社外支出する金額の$\frac{1}{10}$を、資本準備金と利益準備金の合計額が資本金の$\frac{1}{4}$に達するまで積み立てます。

①株主への配当の10分の1：$¥550,000 \times \frac{1}{10} = ¥55,000$

②利益準備金積立可能額：

$$¥2,000,000 \times \frac{1}{4} - (¥125,000 + ¥100,000) = ¥275,000$$

①¥55,000＜②¥275,000より、
∴利益準備金積立額　¥55,000

決算時

×9年3月31日　第2期決算において、当期純利益 ¥930,000を計上した。

（借）損　　益	930,000	（貸）繰越利益剰余金	930,000

第2期における繰越利益剰余金勘定は、次のとおりです。

繰越利益剰余金

借方		貸方	
剰余金の配当	605,000	前期繰越	800,000
		損　　益	930,000

（前期繰越＋損益＝1,125,000）

株式会社の資本構成

純資産の部の構成

基本 ★★☆☆☆ check!

➡解答・解説 P.33

日付	／	／	／
✓			

▼次の貸借対照表の一部（純資産の部）について、（イ）～（ト）に適切な語句または数値を記入しなさい。

純　資　産　の　部　　　（単位：千円）

Ⅰ　株　主　資　本		
1 資　本　金		1,500,000
2 資 本 剰 余 金		
(1)（　イ　）	150,000	
(2) その他（　ロ　）	（　ヘ　）	200,000
3 利益（　ハ　）		
(1)（　ニ　）	100,000	
(2)（　ホ　）		
任 意 積 立 金	125,000	
繰越利益剰余金	（　ト　）	300,000
		2,000,000

イ		ロ		ハ	
ニ		ホ		ヘ	
ト					

Section 2 株式の発行

問題2 会社設立時の株式発行

基本 ★★★☆☆ check! 日付 ／ ／ ／ ✓

➡解答・解説 P.33

▼次の各取引について仕訳を示しなさい。

①関東株式会社は、会社設立にさいし、2,000株を1株 ¥120,000で発行し、払込金額は当座預金とした。なお、資本金には払込金額のうち「会社法」の原則額を組み入れることとした。

②関西株式会社は、会社設立にさいし、株式1,500株を1株の発行価額 ¥80,000で発行し、全株式について払込みを受け、払込金額を当座預金に預け入れた。なお、払込金額のうち「会社法」で認められる最低額を資本金に組み入れることとする。また、株式の発行費用¥1,500,000は、小切手を振り出して支払った。

③中部株式会社は、開業準備のために要した諸費用¥830,000（建物賃借料¥600,000、水道光熱費¥30,000、広告宣伝費¥200,000）を小切手を振り出して支払った。

	借方科目	金額	貸方科目	金額
①				
②				
③				

増資時の株式発行①

基本 ★★★☆☆ check! 日付 ／ ／ ／

➡解答・解説 P.34

▼次の取引について仕訳を示しなさい。

神戸株式会社は、取締役会の決議により、未発行株式のうち3,000株を１株の発行価額 ¥60,000で発行し、全株式について払込みを受け、払込金額を当座預金に預け入れた。なお、発行価額のうち ¥45,000を資本金に組み入れることとした。また、株式発行のための諸費用 ¥1,100,000は小切手を振り出して支払った。

借　方　科　目	金　　額	貸　方　科　目	金　　額

問題4 増資時の株式発行②

基本 ★★★☆☆ check! 日付 ／ ／ ／

➡解答・解説 P.34

▼次の取引について仕訳を示しなさい。

京都商事株式会社は、増資を行い、新株式500株を１株あたり￥80,000で発行し、全額の払い込みを受け、払込金は当座預金とした。１株の発行価額のうち、￥40,000は、資本金に組み入れないことにした。なお、株式の発行に要した諸費用￥270,000は、小切手を振り出して支払った。

借方科目	金額	貸方科目	金額

剰余金の配当

問題5 配当の決議・支払い・利益の振替えと勘定記入

基本 ★★★☆☆ check! 日付 ／ ／ ／ ✓

➡解答・解説 P.35

▼(1)次の取引の仕訳を示しなさい（会計期間は４月１日から３月31日までの１年とする）。なお、第１期（前期）から繰り越された繰越利益剰余金は￥3,940,000である。

①定時株主総会（６月30日）において、次の剰余金の配当等が決議された。
　利益準備金　￥240,000　　株主配当金　￥2,400,000
　別途積立金　￥710,000
②後日、株主配当金を当座預金より支払った。
③第２期決算にあたり、当期純利益 ￥8,940,000を計上した。

▼(2) (1)の仕訳にもとづいて解答欄の繰越利益剰余金勘定を記入し、締め切りなさい。

(1)

	借方科目	金額	貸方科目	金額
①				
②				
③				

(2)

繰越利益剰余金

6/30	利益準備金		4/1	前期繰越	3,940,000
〃	未払配当金				
〃	別途積立金				

問題6 利益の振替え

基本 ★★★★★ check! 日付 ／ ／ ／ ✓

➡解答・解説 P.36

▼次の各取引について仕訳を示しなさい。

1. 岩手商事株式会社の当期決算において、当期純利益￥1,240,000を計上した。なお、前期からの利益の繰越額は、￥260,000である。

2. 佐賀商事株式会社の当期決算において、当期純利益￥1,360,000を計上した。なお、前期からの損失の繰越額は、￥480,000である。

	借方科目	金額	貸方科目	金額
1				
2				

問題7 準備金の積立

応用 ★★★☆☆ check! 日付 ／ ／ ／ ✓

➡解答・解説 P.36

▼次の取引について仕訳を示しなさい。

関東株式会社（発行済み株式数1,000株）は、×7年6月26日の定時株主総会において、繰越利益剰余金 ￥5,400,000について以下の剰余金の配当を決議した。
利益準備金：会社法の規定による金額
株主配当金：1株につき ￥2,000　別途積立金：￥2,500,000
ただし、×7年3月31日（決算日）現在の資本金 ￥30,000,000、資本準備金 ￥6,200,000、利益準備金 ￥1,250,000であった。

借方科目	金額	貸方科目	金額

Chapter 8 とおるポイント

Section 1 税金の処理

●法人税等の処理

(1) 中間納付時

(借)		(貸)	
仮払法人税等	×××	現金など	×××

(2) 決算時

(借)		(貸)	
法人税等	×××	仮払法人税等	×××
		未払法人税等	×××

(3) 確定納付時

(借)		(貸)	
未払法人税等	×××	現金など	×××

●消費税の処理

■税抜方式

商品¥330,000（うち消費税額¥30,000）を掛けで仕入れた。

(借)		(貸)	
仕入	300,000	買掛金	330,000
仮払消費税（資産の増加）	30,000		

上記商品を¥550,000（うち消費税額¥50,000）で売り上げ、代金は現金で受け取った。

(借)		(貸)	
現金	550,000	売上	500,000
		仮受消費税（負債の増加）	50,000

決算となり、仮払額と仮受額を相殺する。

(借)		(貸)	
仮受消費税（負債の減少）	50,000	仮払消費税（資産の減少）	30,000
		未払消費税（負債の増加）	20,000

消費税の未払額¥20,000を現金で納付した。

(借)		(貸)	
未払消費税（負債の減少）	20,000	現金	20,000

Section 2 売上原価の算定と損益勘定

●売上原価

売上原価とは、一会計期間に販売された商品の原価をいいます。次の式で算定します。

売上原価＝期首商品棚卸高＋当期商品仕入高－期末商品棚卸高

商品の期首在庫は￥20,000、当期の仕入は￥140,000、期末の在庫は￥50,000である。

この場合、売上原価は、￥110,000（＝￥20,000＋￥140,000－￥50,000）となる。

●仕入勘定で算定する場合

(借)仕入（費用の増加）	20,000	(貸)繰越商品（資産の減少）	20,000
(借)繰越商品（資産の増加）	50,000	(貸)仕入（費用の減少）	50,000

●売上原価勘定で算定する場合

(借)売上原価（費用の増加）	20,000	(貸)繰越商品（資産の減少）	20,000
(借)売上原価（費用の増加）	140,000	(貸)仕入（費用の減少）	140,000
(借)繰越商品（資産の増加）	50,000	(貸)売上原価（費用の減少）	50,000

Section 3 期末商品の評価

●棚卸減耗費

棚卸減耗とは、帳簿上の数量と実地棚卸を行って算定した数量との差異をいいます。

棚卸減耗費＝単位原価×（帳簿数量－実地数量）

●商品評価損

商品評価損とは、期末の商品の正味売却価額が原価を下回った場合に、原価を正味売却価額まで切り下げるために計上する評価損です。

商品評価損＝（原価－正味売却価額）×実地数量

●貸借対照表の商品金額

期末帳簿棚卸高　150個　　原価　@￥1,000

期末実地棚卸高　140個　　正味売却価額　@￥　800

棚卸減耗費：@￥1,000×（150個－140個）＝￥10,000

商品評価損：（@￥1,000－@￥800）×140個＝￥28,000

B/S上の商品：@￥800×140個＝￥112,000

収益・費用の繰延べ

●収益・費用の繰延べ

費用の繰延べ　伏見商店は10月1日にむこう1年分の地代 ¥120,000を支払った。決算日は12月末日である。

	資産の増加			費用の減少	
(借)	前払地代	90,000*	(貸)	支払地代	90,000

$* ¥120,000 \times \frac{9カ月}{12カ月} = ¥90,000$

収益の繰延べ　伏見商店は10月1日にむこう1年分の家賃 ¥120,000を受け取った。決算日は12月末日である。

	収益の減少			負債の増加	
(借)	受取家賃	90,000	(貸)	前受家賃	90,000

繰延べの再振替仕訳

翌期首となり、再振替仕訳を行う。

(借)	支払地代	90,000	(貸)	前払地代	90,000
(借)	前受家賃	90,000	(貸)	受取家賃	90,000

Section 5

収益・費用の見越し

●収益・費用の見越し

費用の見越し　広島商店は決算にあたり、利息の未払分 ¥30,000を計上した。

	費用の増加			負債の増加	
(借)	支払利息	30,000	(貸)	未払利息	30,000

収益の見越し　広島商店は決算にあたり、家賃の未収分 ¥10,000を計上した。

(借)	未収家賃	10,000	(貸)	受取家賃	10,000
	資産の増加			収益の増加	

見越しの再振替仕訳

翌期首となり、再振替仕訳を行う。

(借)	未払利息	30,000	(貸)	支払利息	30,000
(借)	受取家賃	10,000	(貸)	未収家賃	10,000

Section 7·8 精算表・財務諸表

精　算　表

(単位：円)

勘定科目	残高試算表		整理記入		損益計算書		貸借対照表	
流動資産	5,300		400	300			5,400	
固定資産	11,000			200			10,800	
流動負債		4,800		720				5,520
固定負債		2,000						2,000
資本金		7,000						7,000
資本準備金		500						500
利益準備金		300						300
繰越利益剰余金		200						200
売上		10,000				10,000		
営業外収益		220				220		
特別利益		80				80		
仕入	7,800		300	350	7,750			
販売費及び一般管理費	570		240		810			
営業外費用	320			50	270			
特別損失	110				110			
	25,100	25,100						
法人税等			680		680			
当期純利益					680			680
			1,620	1,620	10,300	10,300	16,200	16,200

損益計算書は、一会計期間における経営成績を報告するための書類です。

損　益　計　算　書

×1年4月1日から　×2年3月31日まで　(単位：円)

費用	金額	収益	金額
期首商品棚卸高	300	売上高	10,000
当期商品総仕入高	7,800	期末商品棚卸高	350
売上総利益	2,250		
	10,350		10,350
販売費および一般管理費	810	売上総利益	2,250
営業外費用	270	営業外収益	220
特別損失	110	特別利益	80
法人税等	680		
当期純利益	680		
	2,550		2,550

貸借対照表は、決算日時点の会社の財政状態を報告するための書類です。

貸　借　対　照　表

×2年3月31日

(単位：円)

資産の部		負債の部		
Ⅰ 流動資産	5,400	Ⅰ 流動負債		5,520
Ⅱ 固定資産	10,800	Ⅱ 固定負債		2,000
		負債合計		7,520
		純資産の部		
		Ⅰ 株主資本		
		1 資本金		7,000
		2 資本剰余金		
		(1) 資本準備金		500
		3 利益剰余金		
		(1) 利益準備金	300	
		(2) その他利益剰余金		
		繰越利益剰余金	880	1,180
		純資産合計		8,680
資産合計	16,200	負債・純資産合計		16,200

損益計算書・貸借対照表の作成プロセスは、精算表の作成プロセスと同じです。まずは精算表を中心に学習を進め、決算整理の結果、どのように金額が移動するのかを確認しておきましょう。

Section

税金の処理

問題1 法人税等①

基本 ★★★☆☆ check! 日付 / / / ✓

➡解答・解説 P.37

▼次の一連の取引について仕訳を示しなさい。

①第1決算期の法人税等が ¥1,200,000 と確定した。なお、法人税等は法人税等勘定で、法人税等の未払額は未払法人税等勘定で処理した。また、第1期に中間申告は行っていない。

②①の法人税等を小切手を振り出して支払った。

	借方科目	金額	貸方科目	金額
①				
②				

問題2 法人税等②

基本 ★★★☆☆ check! 日付 / / / ✓

➡解答・解説 P.37

▼次の取引について仕訳を示しなさい。

1．山形商事株式会社は、法人税の中間申告を行い、前年度の法人税額¥584,000の2分の1の額を現金で納付した。なお中間申告額は、仮払法人税等勘定で処理することにしている。

2．愛媛商事株式会社の当期法人税等の額は、¥625,000と算定された。なお、中間申告時に、¥385,000を現金で納付し、仮払法人税等勘定で処理している。

	借方科目	金額	貸方科目	金額
1				
2				

消費税の処理

基本 ★★★☆☆ check!

➡解答・解説 P.38

日付	／	／	／
✓			

▼次の一連の取引について、税抜方式によって仕訳を示しなさい。
なお、消費税率は10%である。

1．得意先に対して商品 ￥440,000（うち消費税額 ￥40,000）を現金で売り上げた。
2．仕入先より商品 ￥165,000（うち消費税額 ￥15,000）を掛けで仕入れた。
3．当期の仮受消費税額は ￥2,587,000、仮払消費税は ￥1,726,000である。決算により、未払消費税を計上する。
4．3の未払消費税を小切手を振り出して納付した。

	借方科目	金額	貸方科目	金額
1				
2				
3				
4				

売上原価の算定と損益勘定

問題4 仕入勘定で算定する場合

基本 ★★★★★ check! 日付 ／ ／ ／ ✓

➡解答・解説 P.39

▼(1)次の一連の取引について三分法により仕訳を示しなさい（損益振替まで）。なお、期首商品棚卸高は ￥2,500（5個@￥500）である。商品の払出しは先入先出法による。

①商品８個（@￥ 600）を掛けで仕入れた。
②上記商品のうち１個を返品した。
③商品12個（@￥ 550）を仕入れ、代金は小切手を振り出して支払った。
④商品22個を ￥17,600で売り上げ、代金は掛けとした。
⑤決算となった。期末商品棚卸高は ￥？である。
なお、売上原価の計算は仕入勘定で行うものとする。

▼(2)(1)で行った仕訳を与えられた勘定へ転記しなさい。なお、転記のさい、勘定には相手科目と金額のみを記入すること。締切りは不要である。

▼(3)仮に、売上原価の計算を売上原価勘定で行った場合、⑤の仕訳を示しなさい。さらに与えられた勘定へ転記しなさい。

(1)

	借方科目	金額	貸方科目	金額
①				
②				
③				
④				
⑤				

(2)

仕　入

売　上

繰越商品

損　益

(3)

	借方科目	金　額	貸方科目	金　額
⑤				

売上原価

損　益

期末商品の評価

期末商品の評価

基本 ★★★★★ check! 日付 ／ ／ ／ ✓

➡解答・解説 P.41

角館商会の期末商品棚卸高の資料にもとづいて、損益計算書（売上総利益の表示まで）を完成しなさい。ただし、棚卸減耗費は売上原価の内訳科目として記載する方法による。

〈資料〉期末商品棚卸高

商品の種類	数　量		単　価	
	帳簿棚卸数量	実地棚卸数量	原　価	正味売却価額
a商品	365個	360個	420円	405円
b商品	288個	278個	380円	515円

〈付記事項〉

① 各商品とも、その棚卸減耗量のすべてについて原価性が認められる。

② b商品のうち、25個が品質低下により正味売却価額が1個につき260円まで下落している。

損　益　計　算　書

Ⅰ 売　上　高		1,935,260
Ⅱ 売　上　原　価		
期首商品棚卸高	248,650	
当期商品仕入高	1,465,700	
合　計	1,714,350	
期末商品棚卸高	(　　　)	
差　引	(　　　)	
棚卸減耗費	(　　　)	
商品評価損	(　　　)	(　　　)
売上総利益		(　　　)

Section 4·5 収益・費用の繰延べ・見越し

問題6 収益・費用の繰延べ

基本 ★☆☆☆☆ check! 日付 ／ ／ ／ ✓

➡解答・解説 P.43

▼以下の各取引について仕訳を示しなさい。

①期中に支払った保険料のうち未経過分¥30,000を繰り延べた。

②期中に受け取った家賃のうち未経過分¥160,000を繰り延べた。

	借方科目	金額	貸方科目	金額
①				
②				

問題7 収益・費用の見越し

基本 ★☆☆☆☆ check! 日付 ／ ／ ／ ✓

➡解答・解説 P.43

▼以下の各取引について仕訳を示しなさい。

①利息の未収高が¥9,000あった。

②手数料の未払高が¥30,000あった。

	借方科目	金額	貸方科目	金額
①				
②				

問題8 再振替仕訳

基本 ★☆☆☆☆ check! 日付 ／ ／ ／ ✓

➡解答・解説 P.44

▼以下の取引について仕訳を示しなさい。

①前期末に繰り延べた保険料¥36,000を、期首に再振り替えした。

②前期末に見越し計上していた利息の未収額¥48,000を、期首に再振り替えした。

③前期末に繰り延べ計上していた手数料の前受額¥15,000を、期首に再振り替えした。

④前期末に見越し計上した未払家賃¥250,000を、期首に再振り替えした。

	借方科目	金額	貸方科目	金額
①				
②				
③				
④				

精算表

➡解答・解説 P.45

問題9 精算表①

▼**次の付記事項と決算整理事項によって、精算表を作成しなさい。なお、会計期間は、1月1日から12月31日までの1年間である。**

付記事項

出張していた社員が帰社し、仮受金 ¥32,000は、売掛金の回収分であることが判明した。

決算整理事項

1．現金の実際有高と帳簿残高を照合したところ、実際有高は¥367,000であった。原因を調べたところ、家賃 ¥64,000を支払った際に、¥46,000と誤記入していたことが判明したが、残額は原因が判明しなかった。
2．期末商品棚卸高　　¥ 140,000
3．売掛金の期末残高について2％の貸倒れを見積もる。差額補充法により処理する。
4．備品について、定額法により減価償却を行う。
　　残存価額　ゼロ　　耐用年数　8年
5．売買目的で保有している有価証券を¥149,000に評価替えする。
6．消耗品の未使用高　　¥ 4,000
7．手数料の前受高　　¥ 5,000
8．保険料の前払高　　¥ 15,000
9．未払法人税等
　当期の課税所得を計算したところ、¥360,000となったので、未払分を計上する。なお、税率は30％であり、中間申告時に ¥50,000をすでに納付している。

精　　算　　表

勘定科目	残高試算表		整理記入		損益計算書		貸借対照表	
	借方	貸方	借方	貸方	借方	貸方	借方	貸方
現金	387,000							
当座預金	780,000							
売掛金	382,000							
貸倒引当金		4,000						
売買目的有価証券	146,000							
繰越商品	120,000							
仮払法人税等	50,000							
備品	400,000							
備品減価償却累計額		100,000						
買掛金		230,000						
仮受金		32,000						
資本金		1,000,000						
資本準備金		250,000						
利益準備金		160,000						
繰越利益剰余金		92,000						
売上		5,067,000						
受取手数料		65,000						
仕入	2,800,000							
給料	960,000							
保険料	195,000							
消耗品費	30,000							
支払家賃	750,000							
	7,000,000	7,000,000						
雑（　　）								
貸倒引当金繰入								
減価償却費								
有価証券運用損益								
（　　　）								
（　　）手数料								
（　　）保険料								
法人税等								
（　　）法人税等								
当期純（　　）								

問題10 精算表②

➡解答・解説 P.47

▼次の付記事項と決算整理事項によって、精算表を作成しなさい。なお、会計期間は、4月1日から3月31日までの1年間である。

付 記 事 項

仮払金 ¥50,000は、過日出張した社員に支払っていた旅費の概算額である。本日（決算日）、旅費が精算され、不足額 ¥2,000を現金で支払った。

決算整理事項

1．現金の実際有高を調査したところ、実際有高は ¥502,000であった。原因を調べたところ、売掛金 ¥230,000を回収した際に、¥203,000と誤記入していたことと、水道光熱費 ¥26,000が記入漏れであることが判明したが、残額は原因が判明しなかった。
2．期末商品棚卸高 ¥ 580,000
3．売掛金の期末残高について３％の貸倒れを見積もる。差額補充法により処理する。
4．備品について、定額法により減価償却を行う。
 残存価額 ゼロ 耐用年数 ８年
5．売買目的で保有している有価証券を¥79,000に評価替えする。
6．消耗品の未使用高 ¥ 6,000
7．家賃の前払高 ¥ 80,000
8．手数料の未払高 ¥ 30,000
9．手数料の前受高 ¥ 11,000
10. 未払法人税等
 当期の課税所得を計算したところ、¥500,000となったので、未払分を計上する。なお、税率は30％であり、中間申告時に ¥70,000をすでに納付している。

精　算　表

勘定科目	残高試算表		整理記入		損益計算書		貸借対照表	
	借方	貸方	借方	貸方	借方	貸方	借方	貸方
現　　　　金	500,000							
当　座　預　金	856,000							
売　掛　金	727,000							
貸倒引当金		12,000						
売買目的有価証券	83,000							
繰　越　商　品	620,000							
仮　払　金	50,000							
仮払法人税等	70,000							
備　　　　品	960,000							
備品減価償却累計額		360,000						
土　　　　地	800,000							
買　掛　金		400,000						
資　本　金		2,600,000						
資本準備金		300,000						
利益準備金		200,000						
繰越利益剰余金		120,000						
売　　　　上		5,718,000						
受取手数料		90,000						
仕　　　　入	2,300,000							
給　　　　料	1,200,000							
旅　　　　費	163,000							
支　払　家　賃	1,040,000							
支払手数料	173,000							
水道光熱費	216,000							
消　耗　品　費	42,000							
	9,800,000	9,800,000						
貸倒引当金繰入								
減価償却費								
有価証券運用損益								
(　　　　)								
雑　(　　)								
(　　)家　賃								
未払手数料								
前受手数料								
法　人　税　等								
(　　)法人税等								
当期純(　　)								

問題11 財務諸表の作成①

応用 ★★★☆☆ check! 日付 / / / ✓

➡解答・解説 P.49

資料(Ⅰ)、資料(Ⅱ)にもとづいて解答用紙の損益計算書および貸借対照表を完成させなさい。なお、会計期間は×8年4月1日から×9年3月31日までの1年である。

(Ⅰ) 決算整理前残高試算表

決算整理前残高試算表
×9年3月31日

借方科目	金額	貸方科目	金額
現金預金	579,600	支払手形	700,000
受取手形	960,000	買掛金	1,510,000
売掛金	1,920,000	借入金	1,200,000
繰越商品	360,000	貸倒引当金	30,000
売買目的有価証券	1,300,000	建物減価償却累計額	600,000
貸付金	1,060,000	備品減価償却累計額	360,000
建物	2,000,000	資本金	2,000,000
備品	1,000,000	利益準備金	400,000
仕入	4,000,000	任意積立金	900,000
給料	1,344,000	繰越利益剰余金	130,000
通信費	328,000	売上	7,000,000
保険料	92,400	受取利息	70,000
支払利息	56,000	受取配当金	100,000
	15,000,000		15,000,000

(Ⅱ) 決算整理事項

1. 商品の期末棚卸高は次のとおりである。
   帳簿棚卸数量　400個　　実地棚卸数量　380個
   1個あたり単価　原価　¥1,000　正味売却価額　¥850
2. 売買目的有価証券は、東京物産株式会社の株式500株（取得原価@¥2,600、時価 @¥2,300)である。
3. 備品に対しては定額法(耐用年数10年)により、建物に対しては定額法(耐用年数30年)により減価償却を行う。
   なお、残存価額は、建物は取得原価の10%、備品はゼロである。
4. 受取手形と売掛金の期末残高に対して2%の貸倒引当金を、差額補充法により設定する。
5. 保険料のうち ¥60,000は×8年11月1日に支払った1年分の火災保険料である。
6. 支払利息の未払分が ¥10,000ある。
7. 法人税等として ¥300,000を計上する。

損益計算書 (単位：円)

費用	金額	収益	金額
期首商品棚卸高		売上高	
当期商品仕入高		期末商品棚卸高	
棚卸減耗費			
商品評価損			
売上総利益			
給料		売上総利益	
通信費		受取利息	
保険料		受取配当金	
貸倒引当金繰入			
減価償却費			
支払利息			
有価証券運用損			
法人税等			
当期純利益			

貸借対照表 (単位：円)

資産	金額	負債・純資産	金額
現金預金		支払手形	
受取手形		買掛金	
売掛金		借入金	
貸倒引当金	△	未払費用	
商品		未払法人税等	
有価証券		資本金	
貸付金		利益準備金	
前払費用		任意積立金	
建物		繰越利益剰余金	
減価償却累計額	△		
備品			
減価償却累計額	△		

財務諸表の作成②

応用 ★★★★★ check! 日付 ／ ／ ／ ✓

➡解答・解説 P.51

▼次の決算整理後残高試算表より、(1)貸借対照表（勘定式）および(2)損益計算書（①報告式、②勘定式・２区分）を作成しなさい。

決算整理後残高試算表　（単位：円）

借方科目	金額	貸方科目	金額
現金預金	1,320,000	支払手形	130,000
受取手形	165,000	買掛金	215,000
売掛金	465,000	貸倒引当金	15,000
繰越商品	100,000	減価償却累計額	810,000
前払家賃	3,000	長期借入金	750,000
未収利息	5,000	資本金	2,500,000
貸付金	830,000	資本準備金	300,000
建物	3,000,000	利益準備金	210,000
仕入	1,085,000	任意積立金	400,000
貸倒引当金繰入	12,600	繰越利益剰余金	348,600
保険料	150,000	売上	1,785,000
減価償却費	90,000	受取利息	77,200
支払家賃	167,000	固定資産売却益	7,800
支払利息	156,000		
	7,548,600		7,548,600

（注１）売上原価の内訳は次のとおりである。

期首商品棚卸高：￥　98,000
当期商品仕入高：￥1,087,000
期末商品棚卸高：￥　100,000

（注２）法人税等は考慮しなくてよい。

(1)　貸借対照表

貸借対照表　（単位：円）

資産の部			負債の部		
Ⅰ 流動資産			Ⅰ 流動負債		
現金預金		(　　)	(　　)		(　　)
(　　)	(　　)		(　　)		(　　)
(　　)	(　　)		流動負債合計		(　　)
計	(　　)		Ⅱ 固定負債		
(　　)	(△　　)	(　　)	長期借入金		(　　)
(　　)		(　　)	固定負債合計		(　　)
(　　)		(　　)	負債合計		(　　)
(　　)		(　　)	純資産の部		
(　　)		(　　)	Ⅰ 株主資本		
流動資産合計		(　　)	1 資本金		(　　)
Ⅱ 固定資産			2 資本剰余金		
(　　)	(　　)		(1)(　　)		(　　)
(　　)	(　　)	(　　)	3 利益剰余金		
固定資産合計		(　　)	(1)(　　)	(　　)	
			(2) その他利益剰余金		
			(　　)	(　　)	
			(　　)	(　　)	(　　)
			純資産合計		(　　)
資産合計		(　　)	負債及び純資産合計		(　　)

(2) ①報告式損益計算書

損 益 計 算 書　　(単位：円)

Ⅰ 売上高			(　　)
Ⅱ 売上原価			
1.( )		(　　)	
2.( )		(　　)	
合計		(　　)	
3.( )		(　　)	(　　)
売上総利益			(　　)
Ⅲ 販売費及び一般管理費			
( )		(　　)	
( )		(　　)	
( )		(　　)	
( )		(　　)	(　　)
営業利益			(　　)
Ⅳ 営業外収益			
( )			(　　)
Ⅴ 営業外費用			
( )			(　　)
経常利益			(　　)
Ⅵ 特別利益			
( )			(　　)
当期純利益			(　　)

②勘定式・2区分損益計算書

損 益 計 算 書　　(単位：円)

費用	金額	収益	金額

Chapter 9 とおるポイント

Section 1 本支店会計

●本支店会計の取引　本店勘定と支店勘定は支店と本店を結びつける、いわばその窓口となる勘定であり、本支店間の取引は、常にこの勘定を用いて処理されます。したがって、本店勘定と支店勘定の残高は貸借逆で一致することになります。

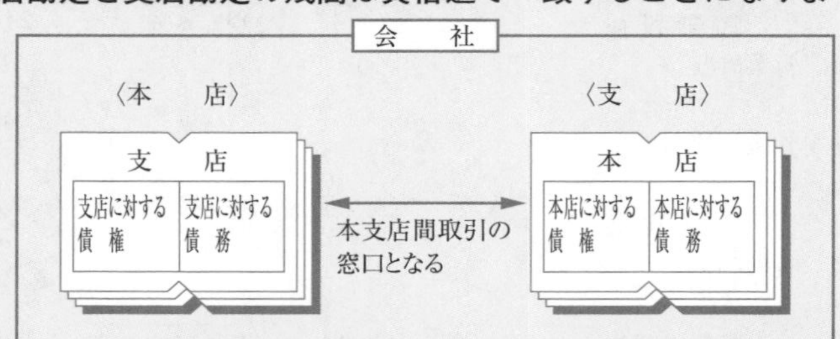

本店と支店との間で行われた取引について、本店は支店勘定、支店は本店勘定を用いて処理します。

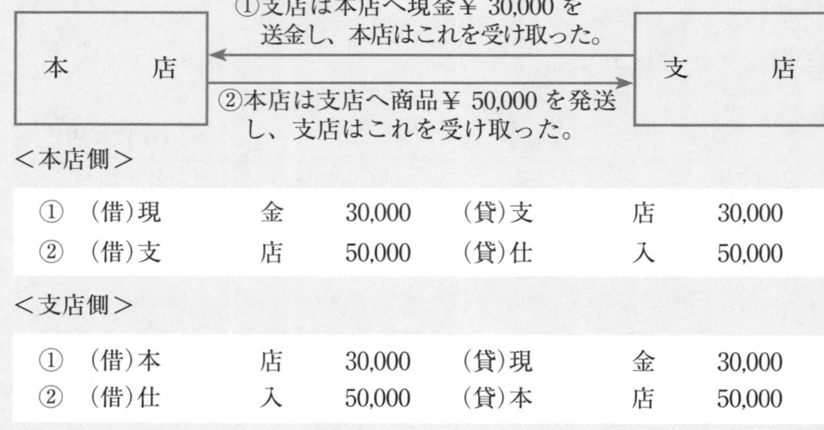

<本店側>

①	(借)現　金	30,000	(貸)支　店	30,000
②	(借)支　店	50,000	(貸)仕　入	50,000

<支店側>

①	(借)本　店	30,000	(貸)現　金	30,000
②	(借)仕　入	50,000	(貸)本　店	50,000

Section 2 合併財務諸表の作成

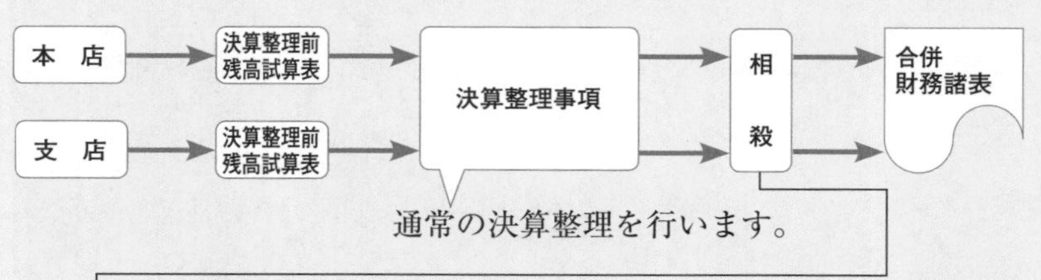

本店勘定・支店勘定の相殺

(借)本　店	100,000	(貸)支　店	100,000

本支店会計

本支店会計の取引

基本 ★★★☆☆ check! 日付 ／ ／ ／ ✓

➡解答・解説 P.53

▼次の各取引を本支店両者の側から仕訳を行い、与えられた勘定に記入しなさい。なお、勘定記入するさいには取引番号と金額のみを示しなさい。

①本店は支店へ現金 ¥700,000を送付し、支店はこれを受け取った。

②本店は支店の得意先A商会より売掛金 ¥1,050,000を現金で回収し、支店はこの報告を受けた。

③支店は本店の仕入先B商店へ買掛金¥420,000を現金で立替払いし、本店はこの報告を受けた。

④支店は本店の営業費¥210,000を小切手を振り出して支払い、本店はこの連絡を受けた。

⑤本店は支店の支払家賃¥120,000を現金で支払い、支店はこの連絡を受けた。

		借方科目	金額	貸方科目	金額
①	本店				
	支店				
②	本店				
	支店				
③	本店				
	支店				
④	本店				
	支店				
⑤	本店				
	支店				

支店

本店

Section 2 合併財務諸表の作成

問題2 合併財務諸表の作成①

応用 ★★☆☆☆ check! 日付 / / / ✓

➡解答・解説 P.55

▼京都産業株式会社（会計期間は×１年４月１日から×２年３月31日までの１年間）の残高試算表および決算整理事項は、次のとおりであった。よって、本支店合併の損益計算書を作成しなさい。また、本支店合併後の消耗品の金額を求めなさい。

残高試算表

(単位：円)

借方	本店	支店	貸方	本店	支店
現金	1,585,000	1,025,000	支払手形	1,166,000	625,000
当座預金	1,764,000	1,263,000	買掛金	1,515,000	847,000
売掛金	2,138,000	946,000	借入金	2,000,000	800,000
繰越商品	750,000	430,000	貸倒引当金	64,100	27,900
備品	1,000,000	600,000	備品減価償却累計額	360,000	216,000
支店	2,006,000	−	本店	−	2,006,000
仕入	7,450,000	5,344,000	資本金	3,000,000	−
給料	800,000	400,000	売上	10,760,000	6,276,000
支払家賃	450,000	250,000	受取手数料	45,000	24,000
保険料	240,000	180,000	雑収入	18,900	10,100
広告費	320,000	200,000			
消耗品費	400,000	180,000			
支払利息	26,000	14,000			
	18,929,000	10,832,000		18,929,000	10,832,000

決算整理事項

1．期末商品棚卸高　本店　￥650,000
　　　　　　　　　　支店　￥680,000
2．売掛金の期末残高について３％の貸倒れを見積もる。差額補充法により処理する。
3．備品について、本支店ともに定額法により減価償却を行う。
　　残存価額　取得原価の10%　　耐用年数　５年
4．消耗品の未使用高　本店　￥180,000　支店　￥80,000
5．保険料の前払高　本店　￥ 60,000　支店　￥30,000
6．利息の未払高　本店　￥ 12,000　支店　￥ 7,000
7．家賃の未払高　本店　￥120,000　支店　￥80,000
8．手数料の未収高　本店　￥ 15,000　支店　￥ 8,000

損　益　計　算　書

×1年4月1日から×2年3月31日まで

京都産業株式会社

費　　用	金　額	収　　益	金　額
(　　)商品棚卸高		売　　上　　高	
当期商品純仕入高		(　　)商品棚卸高	
(　　　　　　)			
給　　　　料		売 上 総 利 益	
支　払　家　賃		受 取 手 数 料	
(　　　　　　)		雑　　収　　入	
(　　　　　　)			
保　　険　　料			
広　　告　　費			
消　耗　品　費			
支　払　利　息			
(　　　　　　)			

本支店合併後の消耗品	¥

合併財務諸表の作成②

応用 ★★☆☆☆ check! 日付 ／ ／ ／

➡解答・解説 P.57

▼長崎産業株式会社（会計期間は×１年４月１日から×２年３月31日までの１年間）の残高試算表および決算整理事項は、次のとおりであった。よって、本支店合併の貸借対照表を作成しなさい。また、本支店合併後の保険料の金額を求めなさい。

残　高　試　算　表

（単位：円）

借　　方	本　店	支　店	貸　　方	本　店	支　店
現　　　　金	1,696,000	895,000	支　払　手　形	1,845,000	1,128,000
当　座　預　金	2,143,000	1,546,000	買　　掛　　金	1,829,000	797,000
売　　掛　　金	2,065,000	1,318,000	借　　入　　金	900,000	500,000
繰　越　商　品	570,000	360,000	貸　倒　引　当　金	34,800	16,400
備　　　　品	1,000,000	600,000	備品減価償却累計額	300,000	180,000
支　　　　店	2,570,000	－	本　　　　店	－	2,570,000
仕　　　　入	7,684,000	5,025,000	資　　本　　金	5,000,000	－
給　　　　料	900,000	600,000	売　　　　上	9,964,000	6,045,000
支　払　家　賃	400,000	300,000	受　取　手　数　料	265,000	127,000
保　　険　　料	480,000	360,000	雑　　収　　入	98,200	44,600
広　　告　　費	320,000	200,000			
消　耗　品　費	380,000	190,000			
支　払　利　息	28,000	14,000			
	20,236,000	11,408,000		20,236,000	11,408,000

決算整理事項

1．期末商品棚卸高　　本店　¥560,000
　　　　　　　　　　　支店　¥670,000
2．売掛金の期末残高について２％の貸倒れを見積もる。差額補充法により処理する。
3．備品について、本支店ともに定額法により減価償却を行う。
　　残存価額　取得原価の10%　　耐用年数　６年
4．消耗品の未使用高　　本店　¥200,000　　支店　¥ 80,000
5．保険料の前払高　　本店　¥240,000　　支店　¥120,000
6．利息の未払高　　本店　¥　8,000　　支店　¥　4,800
7．手数料の未収高　　本店　¥ 15,000　　支店　¥　9,000

貸借対照表

長崎産業株式会社　×2年3月31日

資産		金額	負債および純資産	金額
現金			支払手形	
当座預金			買掛金	
売掛金	( )		借入金	
貸倒引当金	( )		未払利息	
商品			資本金	
( )			当期純利益	
前払保険料				
( )				
備品	( )			
減価償却累計額	( )			

本支店合併後の保険料	¥

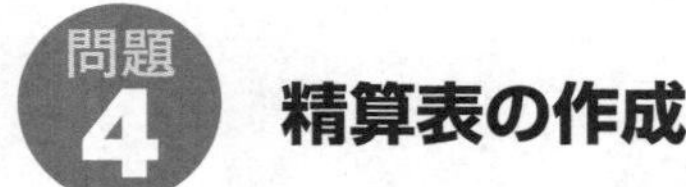

精算表の作成

➡解答・解説 P.58

▼京都産業株式会社（会計期間は×１年４月１日から×２年３月31日までの１年間）の以下の決算整理事項、ならびに解答用紙の精算表の各試算表欄をもとに、精算表を作成しなさい。なお、売上原価の算定は仕入の行で行うものとする。

決算整理事項

①期末商品棚卸高　　本店　¥130,000
　　　　　　　　　　支店　¥136,000

②売掛金の期末残高について３％の貸倒れを見積もる。差額補充法により処理する。

③備品について、本支店とも定額法により減価償却を行う。
　　残存価額　取得原価の10%　　耐用年数　５年

④消耗品の未使用高　本店　¥36,000　　支店　¥16,000

⑤保険料の前払高　　本店　¥12,000　　支店　¥　6,000

⑥利息の未払高　　　本店　¥　2,400　　支店　¥　1,400

⑦家賃の未払高　　　本店　¥24,000　　支店　¥16,000

⑧手数料の未収高　　本店　¥　3,000　　支店　¥　1,600

精　　算　　表

(単位：円)

勘定科目	本店試算表		支店試算表		整理記入		損益計算書		貸借対照表	
	借方	貸方	借方	貸方	借方	貸方	借方	貸方	借方	貸方
現　　　金	317,000		205,000							
当 座 預 金	352,800		252,600							
売　掛　金	410,800		189,200							
貸倒引当金		11,920		4,680						
繰 越 商 品	150,000		86,000							
支　　　店	401,200		—							
備　　　品	200,000		120,000							
備品減価償却累計額		72,000		43,200						
支 払 手 形		252,400		125,000						
買　掛　金		267,000		169,400						
借　入　金		400,000		160,000						
本　　　店		—		401,200						
資　本　金		600,000								
売　　　上		2,152,000		1,255,200						
受取手数料		9,000		4,800						
雑　収　入		4,680		2,920						
仕　　　入	1,490,000		1,068,800							
給　　　料	160,000		80,000							
支 払 家 賃	90,000		50,000							
保　険　料	48,000		36,000							
広　告　費	64,000		40,000							
消 耗 品 費	80,000		36,000							
支 払 利 息	5,200		2,800							
	3,769,000	3,769,000	2,166,400	2,166,400						
(　　　　)										
貸倒引当金繰入										
減価償却費										
(　　)保険料										
(　　)利息										
(　　)家賃										
(　　)手数料										
当期純(　　)										

Chapter 10 とおるポイント

Section 1 帳簿組織（単一仕訳帳制）

●単一仕訳帳制

単一仕訳帳制とは、１冊の仕訳帳を用いて仕訳を記録する方法をいいます。もっとも基本的な形は、１冊の仕訳帳に記入し、そのつど総勘定元帳にのみ転記していく単一仕訳帳・単一元帳制です。

仕訳帳から総勘定元帳への転記の例を示します。

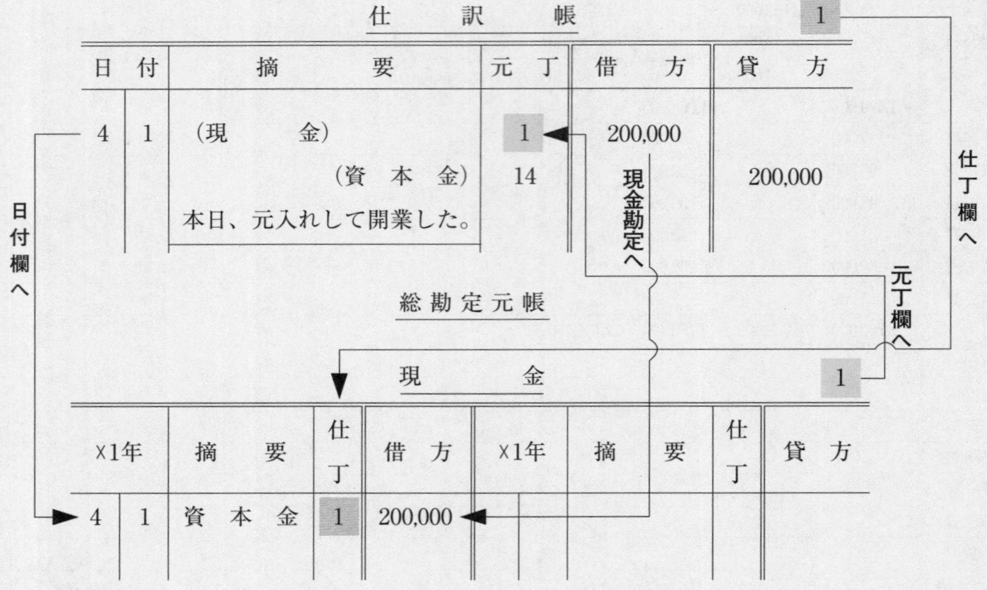

仕訳帳　1

日付		摘要	元丁	借方	貸方
4	1	（現　金）	1	200,000	
		（資本金）	14		200,000
		本日、元入れして開業した。			

総勘定元帳

現金　1

X1年		摘要	仕丁	借方	X1年		摘要	仕丁	貸方
4	1	資本金	1	200,000					

帳簿組織（単一仕訳帳制）

単一仕訳帳制

基本 ★★★★☆ check!

日付	／	／	／
✓			

➡解答・解説 P.60

▼次の×１年４月の取引の仕訳を普通仕訳帳に行うとともに、総勘定元帳への転記を行いなさい。

①４月１日
商品を￥8,000で売上げ、代金は掛けとした。

②４月５日
商品￥4,700を仕入れ、代金は掛けとするとともに、引取運賃￥300を現金で支払った。

③４月10日
売掛金￥12,000の決済として、得意先より同額の約束手形を受け取った。

④４月15日
受取手形のうち￥10,000を銀行で割引き、割引料￥1,000を引いた残額を現金で受け取った。

仕　訳　帳　　1

×１年		摘　　要	元丁	借　方	貸　方

現　　金　1

×1年		摘要	仕丁	借方	×1年		摘要	仕丁	貸方
4	1	前月繰越	✓	100,000					

受取手形　4

×1年		摘要	仕丁	借方	×1年		摘要	仕丁	貸方
4	1	前月繰越	✓	50,000					

売掛金　5

×1年		摘要	仕丁	借方	×1年		摘要	仕丁	貸方
4	1	前月繰越	✓	80,000					

買掛金　15

×1年		摘要	仕丁	借方	×1年		摘要	仕丁	貸方
					4	1	前月繰越	✓	70,000

売　　上　31

×1年		摘要	仕丁	借方	×1年		摘要	仕丁	貸方

仕　　入　41

×1年		摘要	仕丁	借方	×1年		摘要	仕丁	貸方

手形売却損　55

×1年		摘要	仕丁	借方	×1年		摘要	仕丁	貸方

解答・解説編

Chapter 1 商品売買

Section 1 仕入諸掛と移動平均法

問題1 仕入諸掛

解答

	借方科目	金額	貸方科目	金額
1	仕入	746,000	当座預金	450,000
			買掛金	270,000
			現金	26,000
2	買掛金	60,000	仕入	60,000
3	当座預金	400,000	売上	820,000
	売掛金	420,000		
4	売上	80,000	売掛金	80,000

解説

1．三分法のもとでの商品仕入は、仕入勘定の借方に記入します。
　なお、仕入勘定の金額は、引取運賃と購入代価の合計として計算します。
2．返品を行った場合、仕入勘定の貸方に記入します。
3．三分法のもとでの商品売上は、売上勘定の貸方に記入します。
　小切手を受け取った場合には、通常、現金勘定で処理しますが、「ただちに」当座預金に預け入れているときには、当座預金勘定で処理します。
4．返品がなされた場合、売上勘定の借方に記入します。

テキスト p.1-5
参照

問題2 商品有高帳

解答

(イ) 先入先出法

商品有高帳
ラーボ[01)]

×年		摘要	受入 数量	受入 単価	受入 金額	払出 数量	払出 単価	払出 金額	残高 数量	残高 単価	残高 金額
3	1	前月繰越	20	1,000	20,000				20	1,000	20,000
	8	仕入	30	1,200	36,000				50 { 20	1,000	20,000
									30	1,200	36,000
	15	売上				25 { 20	1,000	20,000			
						5	1,200	6,000	25	1,200	30,000
	23	仕入	15	1,360	20,400				40 { 25	1,200	30,000
									15	1,360	20,400

売上総利益：@¥2,000×25個（売上高）−（¥20,000＋¥6,000）（売上原価）＝¥24,000

01) ライター付きボールペン。右に回すとライター、左に回すとボールペン。左右の間違いに注意しましょう（笑）。

(ロ) 移動平均法

×年		摘要	受入 数量	受入 単価	受入 金額	払出 数量	払出 単価	払出 金額	残高 数量	残高 単価	残高 金額
3	1	前月繰越	20	1,000	20,000				20	1,000	20,000
	8	仕入	30	1,200	36,000				50	1,120[02)]	56,000
	15	売上				25	1,120	28,000	25	1,120	28,000
	23	仕入	15	1,360	20,400				40	1,210[03)]	48,400

売上総利益：@¥2,000×25個（売上高）−¥28,000（売上原価）＝¥22,000

02) $\frac{¥20,000 + ¥36,000}{20個 + 30個}$ ＝@¥1,120

03) $\frac{¥28,000 + ¥20,400}{25個 + 15個}$ ＝@¥1,210

テキスト p.1-5~1-6 参照

Section 2 クレジット売掛金

問題3 クレジット売掛金①

解答

	借方科目	金額	貸方科目	金額
①	クレジット売掛金	*288,000*	売上	*300,000*
	支払手数料	*12,000*		
②	当座預金	*192,000*	クレジット売掛金	*192,000*
③	貸倒引当金繰入	*1,880*	貸倒引当金	*1,880*

解説

①クレジット取引を行った場合には、通常の売掛金と区別して信販会社に対する債権をクレジット売掛金で処理し、信販会社に対する手数料を支払手数料勘定で処理します。

支払手数料：¥300,000 × 4％ ＝¥12,000

クレジット売掛金：¥300,000 －¥12,000 ＝¥288,000

②信販会社から代金を受け取った時に、クレジット売掛金勘定を減少させます。

③クレジット売掛金も決算時の貸倒引当金の設定対象になります。

（¥288,000 －¥192,000）× 3％ －¥1,000 ＝¥1,880

テキスト p.1-8~1-9
参照

クレジット売掛金②

解答

貸借対照表	(単位：円)
Ⅰ 流動資産	
現金預金	(270,000)
売掛金	(497,500)
貸倒引当金	(△ 12,550)

損益計算書	(単位：円)
Ⅰ 売上高	(2,050,000)
Ⅲ 販売費及び一般管理費	
貸倒引当金繰入	(10,550)
支払手数料	(12,500)

解説

(1)未処理事項の処理

①売掛金の回収

(借)現金預金	70,000	(貸)売掛金	70,000

②クレジット販売

クレジット売掛金は、B／S上、売掛金に含めて表示します。

(借)クレジット売掛金	47,500[02]	(貸)売上	50,000
支払手数料	2,500[01]		

01) ￥50,000 × 5％ ＝￥2,500

02) ￥50,000 －￥2,500 ＝￥47,500

(2)貸倒引当金の設定

売掛金：￥330,000 － ￥70,000 = ￥260,000

クレジット売掛金：￥190,000 + ￥47,500 = ￥237,500

貸倒引当金：￥260,000 × 3 ％ + ￥237,500 × 2 ％ = ￥12,550

貸倒引当金繰入：￥12,550 － ￥2,000 = ￥10,550

(借)貸倒引当金繰入	10,550	(貸)貸倒引当金	10,550

現金預金：￥200,000 + ￥70,000 = ￥270,000

売掛金：￥260,000 + ￥237,500 = ￥497,500

クレジット売掛金は、B/S上、売掛金に含めて表示します。

売上：￥2,000,000 + ￥50,000 = ￥2,050,000

支払手数料：￥10,000 + ￥2,500 = ￥12,500

テキスト p.1-8~1-9 参照

他店商品券

問題5 他店商品券の処理

解 答

	借方科目	金額	貸方科目	金額
①	他店商品券 現　　　　金	80,000 20,000	売　　　　上	100,000
②	現　　　　金	80,000	他店商品券	80,000

解 説

①他店発行の商品券を受け取ったときは、他店商品券勘定で処理します。他店商品券勘定は資産勘定です。

②資産である他店商品券 ¥80,000が減少し、¥80,000は現金で受け取ります。

テキスト p.1-10~1-11
参照

Chapter 2 当座預金とその他の預金

Section 1 当座借越

問題1 当座借越（二勘定制）①

解答

	借方科目	金額	貸方科目	金額
4月10日	仕入	600,000	当座預金 当座借越	200,000 400,000
4月11日	当座借越 当座預金	400,000 100,000	売掛金	500,000

解説

当座借越がある場合に新たに預入れをしたら、まず借越分を返済し、残額を当座預金とします。

テキスト p.2-4 ～ 2-6 参照

問題2 当座借越（二勘定制）②

解答

	借方科目	金額	貸方科目	金額
①	当座預金	25,000	現金	25,000
②	当座預金	18,000	売掛金	18,000
③	買掛金	70,000	当座預金 当座借越	43,000 27,000
④	当座借越 当座預金	27,000 8,000	売掛金	35,000
⑤	支払家賃	47,000	当座預金 当座借越	8,000 39,000
⑥	支払利息	3,000	当座借越	3,000

当座預金

借方		貸方	
① 現金	25,000	③ 買掛金	43,000
② 売掛金	18,000	⑤ 支払家賃	8,000
④ 売掛金	8,000		

当座借越

借方		貸方	
④ 売掛金	27,000	③ 買掛金	27,000
		⑤ 支払家賃	39,000
		⑥ 支払利息	3,000

解　説

当座預金取引を、当座預金勘定(資産)と当座借越勘定(負債)の2つの勘定を用いて処理します。資産としての当座預金は必ず借方残高または残高ゼロ、負債としての当座借越は必ず貸方残高または残高ゼロとなります。また、取引銀行が1つである限り、両勘定に同時に残高が生じることはありません。

￥25,000 + ￥18,000 = ￥43,000 (当座預金)
￥70,000 − ￥43,000 = ￥27,000 (当座借越)
￥35,000 − ￥27,000 = ￥　8,000 (当座預金)
￥47,000 − ￥　8,000 = ￥39,000 (当座借越)

テキスト p.2-4 ～ 2-6
参照

Section 2 外貨預金

問題3 外貨預金①

解　答

	借方科目	金　額	貸方科目	金　額
①	外貨預金	1,100,000	現金	1,100,000
②	為替差損	20,000 [01)]	外貨預金	20,000
③	現金	1,130,000 [03)]	外貨預金	1,080,000 [02)]
			為替差益	50,000 [04)]

01)
(￥108 − ￥110) × 10,000ドル
=△20,000
02)
￥1,100,000 − ￥20,000
= ￥1,080,000
03)
￥10,000ドル × ￥113
= ￥1,130,000
04)
(￥113 − ￥108) × 10,000ドル
= ￥50,000

解　説

①取引発生時(預入れ時)には、外貨建金額を取引時の為替レートで換算し記帳します。
②決算時には、外貨預金を決算時のレートで換算替えを行い、取引時と決算時の為替レートの変動から生じる差額を、**為替差損(差益)**として処理します。
③決済時(引出し時)には、取引時(前期末に換算替えを行っている場合には決算時)と決済時の為替レートの変動から生じる差額を、**為替差損(差益)**として処理します。

テキスト p.2-8～2-10
参照

外貨預金②

解答

貸借対照表	(単位：円)
Ⅰ 流動資産	
現金預金	(736,000)

損益計算書	(単位：円)
Ⅳ 営業外収益	
(為替差益)	(9,000)
Ⅴ 営業外費用	
( )	( )

解説

(1)決算時

外貨預金を決算時の為替レートで換算替えを行います。

(借)外貨預金 1,000[01] (貸)為替差益 1,000

(2)貸借対照表の表示

現金と預金については、満期日が翌々期以降になる定期預金を除き、流動資産の区分に現金預金として表示します。

現金預金：¥100,000 + ¥330,000 + ¥305,000 + ¥1,000 = ¥736,000

為替差益：¥10,000 − ¥2,000 + ¥1,000 = ¥9,000

01) 3,000 ドル×¥102 −¥305,000 =¥1,000

テキスト p.2-8～2-10 参照

Chapter 3 手形等の処理

Section 1 約束手形

問題1 約束手形の処理①

解　答

神田商店

	借方科目	金額	貸方科目	金額
10月18日	買掛金	200,000	支払手形	200,000
12月18日	支払手形	200,000	当座預金	200,000

東京商店

	借方科目	金額	貸方科目	金額
10月18日	受取手形	200,000	売掛金	200,000
12月18日	当座預金	200,000	受取手形	200,000

解　説

神田商店

買掛金を手形で決済するケースでは、約束手形の振出しは、支払手形勘定で処理します。

東京商店

約束手形の受取りは受取手形勘定で処理します。

テキスト p.3-2~3-3 参照

問題2 約束手形の処理②

解答

	借方科目	金額	貸方科目	金額
①	買掛金	38,000	支払手形	38,000
②	受取手形 売掛金	30,000 37,000	売上	67,000
③	仕入	130,000	支払手形 買掛金	100,000 30,000
④	受取手形 現金	50,000 38,000	売掛金	88,000
⑤	仕入	145,000	現金 支払手形	90,000 55,000

解説

①買掛金を手形で決済したケースです。約束手形[01]の振出しは支払手形勘定で処理します。

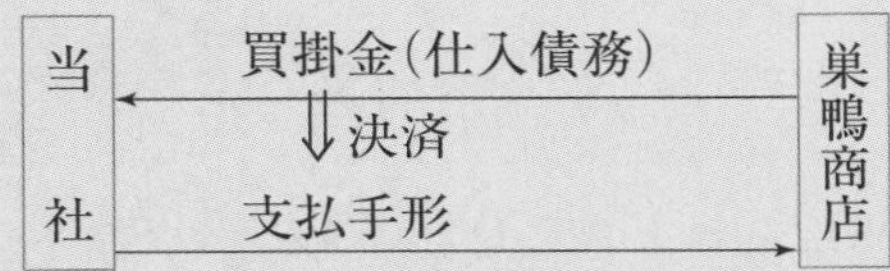

②約束手形の受取りは受取手形勘定で処理します。
③「…宛」とは名宛人であることを意味し、名宛人が手形債権者となります。
④約束手形の受取りは受取手形勘定で処理します。
⑤約束手形の振出しは支払手形勘定で処理します。

01）約束手形とは、振出人が名宛人に一定の金額を支払うことを約束した証券です。

テキスト p.3-2~3-3 参照

手形貸付金と手形借入金

問題3 手形貸付金と手形借入金の処理①

解答

青森商店

	借方科目	金額	貸方科目	金額
3.1	手形貸付金	500,000	現金	500,000
8.31	現金	520,000	手形貸付金 受取利息	500,000 20,000

山形商店

	借方科目	金額	貸方科目	金額
3.1	現金	500,000	手形借入金	500,000
8.31	手形借入金 支払利息	500,000 20,000	現金	520,000

解説

青森商店の仕訳

3.1　資金を貸し付け、約束手形を受け取ったときには、手形貸付金勘定を用いて処理します。

8.31　手形貸付金の返済を受けたときは、手形貸付金の減少として処理します。

山形商店の仕訳

3.1　手形を振り出して資金を借り入れたときは、手形借入金勘定の増加として処理します。

テキスト p.3-5~3-6
参照

手形貸付金と手形借入金の処理②

解答

	借方科目	金額	貸方科目	金額
①	貸付金[01)]	500,000	当座預金	500,000
②	現金	300,000	借入金[01)]	300,000
③	現金	255,000	貸付金	250,000
			受取利息	5,000
④	当座預金	500,000	手形借入金	500,000
⑤	手形貸付金	800,000	現金	800,000

01）
金銭貸借による債権は貸付金勘定で、債務は借入金勘定で処理します。

解説

①資金の貸付けは、貸付金勘定で処理します。将来、返済を請求できるので、貸付金は債権すなわち資産です。

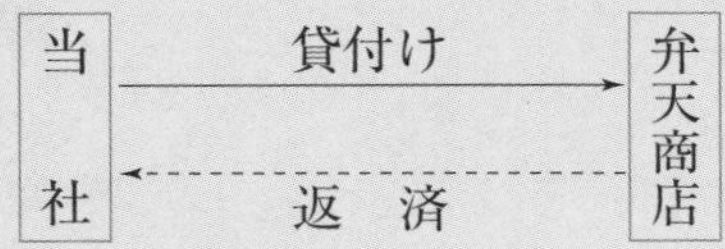

②資金の借入れは、借入金勘定で処理します。将来、返済しなければならないので、借入金は債務すなわち負債です。

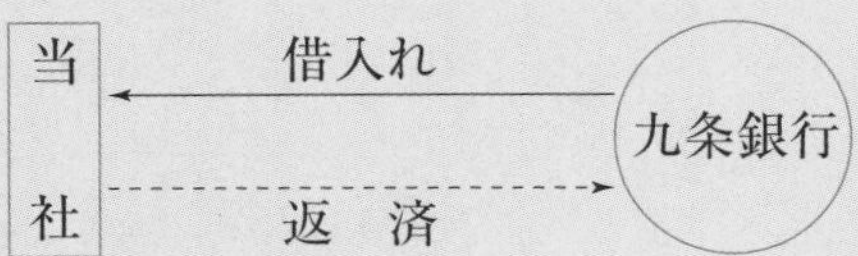

③貸付金に関する利息の受取りは、受取利息勘定で処理します。
④資金の借入れにさいし、借用証書に代えて手形を用いた場合には手形借入金勘定で処理します。
⑤資金の貸付けにさいし、手形を用いた場合には手形貸付金勘定で処理します。

テキスト p.3-5~3-6
参照

手形の割引き・裏書き

手形の割引き

解答

借方科目	金額	貸方科目	金額
当座預金 **手形売却損**	*343,000* *7,000*	**受取手形**	*350,000*

解説

当社宛に振り出された手形を割り引く[01]ケースです。

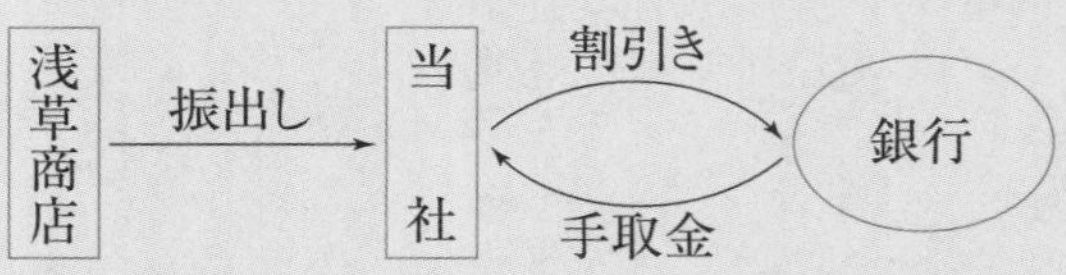

01）
受け取った手形を金融機関に引渡し換金することを手形の割引きといいます。そのさいに、満期日までの利息が割引料として差し引かれます。

問題6 手形の裏書譲渡①

解答

山口商店

借方科目	金額	貸方科目	金額
買掛金	*200,000*	**受取手形**	*200,000*

岡山商店

借方科目	金額	貸方科目	金額
受取手形	*200,000*	**売掛金**	*200,000*

解　説

山口商店
　約束手形を裏書譲渡する場合、受取手形勘定の貸方に記入して、手形債権を減少させます。
岡山商店
　約束手形が裏書譲渡された場合、受取り側ではすべて受取手形勘定で処理します。

テキスト p.3-9
参照

問題7　手形の裏書譲渡②

解　答

	借方科目	金　額	貸方科目	金　額
①	仕　　　入	76,000	受　取　手　形	76,000
②	受　取　手　形 売　掛　金	100,000 30,000	売　　　上	130,000
③	仕　　　入	190,000	受　取　手　形 当　座　預　金 買　掛　金	90,000 50,000 50,000

解　説

①約束手形を裏書譲渡[01]するケースです。受取手形勘定の貸方に記入し、手形債権を減少させます。

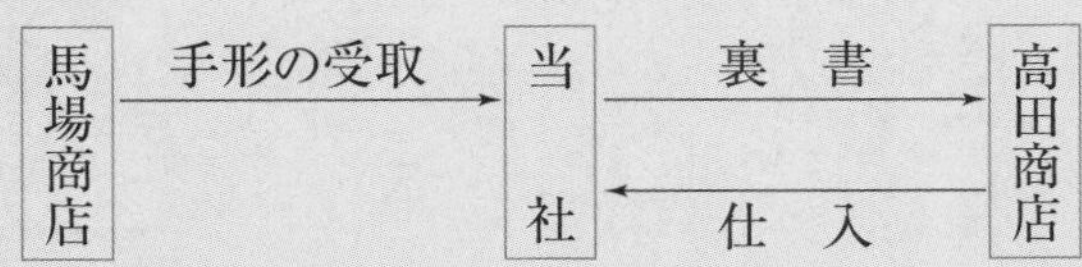

②約束手形が裏書譲渡されたケースです。手形の受取りは、すべて受取手形勘定で処理します。
　売掛金：￥130,000 − ￥100,000 = ￥30,000
③①と同様に扱います。
　買掛金：￥190,000 − ￥90,000 − ￥50,000 = ￥50,000

01）
以前に受け取った手形を、支払期日前に裏書して他人に引き渡すことを手形の裏書譲渡といいます。

テキスト p.3-9
参照

Section 4 手形の更改

問題8 手形の更改①

解答

		借方科目	金額	貸方科目	金額
①	関内商事	買掛金	*360,000*	支払手形	*360,000*
	保谷商事	受取手形	*360,000*	売掛金	*360,000*
②	関内商事	支払手形	*360,000*	支払手形	*365,000*
		支払利息	*5,000*		
	保谷商事	受取手形	*365,000*	受取手形	*360,000*
				受取利息	*5,000*
③	関内商事	支払手形	*365,000*	当座預金	*365,000*
	保谷商事	当座預金	*365,000*	受取手形	*365,000*

解説

手形の更改[01)]

（利息を手形金額に含めない場合）　**旧手形** ＝ **新手形**

（利息を手形金額に含める場合）　**旧手形** ¥360,000 ＜ **新手形** ¥365,000 ｝**利息** ¥5,000

01）
手形の更改とは、支払期日（満期日）を延期した新手形への書換えをいいます。

テキスト p.3-12 参照

手形の更改②

解　答

		借方科目	金　額	貸方科目	金　額
①	郡山商店	支　払　手　形 支　払　利　息	*400,000* *5,000*	支　払　手　形	*405,000*
	白河商店	受　取　手　形	*405,000*	受　取　手　形 受　取　利　息	*400,000* *5,000*
②	相馬商店	支　払　手　形 支　払　利　息	*200,000* *7,000*	支　払　手　形 当　座　預　金	*200,000* *7,000*
	原町商店	受　取　手　形 現　　　　　金	*200,000* *7,000*	受　取　手　形 受　取　利　息	*200,000* *7,000*

解　説

①手形の更改

(利息を手形金額に含めない場合)　**旧手形**　＝　**新手形**

(利息を手形金額に含める場合)　**旧手形** ¥400,000　<　**新手形** ¥405,000 } **利息** ¥5,000

手形の更改③

解　答

借方科目	金　額	貸方科目	金　額
支　払　手　形 支　払　利　息	*600,000* *4,200*	支　払　手　形	*604,200*

解　説

旧手形債務を減少させ、新手形債務を計上します。勘定科目はいずれも支払手形勘定となります。新手形の期日までの利息は、新手形債務の金額に含めます。

手形の不渡り

問題11 手形の不渡り①

解答

借方科目	金額	貸方科目	金額
不渡手形	755,000	受取手形	740,000
		当座預金	15,000

解説

約束手形が不渡りになったときは、受取手形勘定から不渡手形勘定に振り替えます。償還請求費用は、不渡手形の金額に含めます。

問題12 手形の不渡り②

解答

借方科目	金額	貸方科目	金額
不渡手形	301,800	当座預金	300,000
		現金	1,800

問題13 不渡手形の回収・貸倒れ

解答

	借方科目	金額	貸方科目	金額
①	当座預金	253,000	不渡手形	250,000
			受取利息	3,000
②	貸倒引当金	160,000	不渡手形	270,000
	貸倒損失	110,000		

Section 6 手形記入帳

問題14 手形記入帳

解 答

支 払 手 形 記 入 帳 01)

×1年		手形種類	手形番号	摘　要	受取人	振出人	振出日		支払日		支払場所	手形金額	てん末		
													日付		摘　要
11	4	約手	18	買掛金	愛知商店	当　社	11	4	12	20	中央銀行	*200,000*	12	20	期日決済

01)
各取引の仕訳は次のとおりです。

11.4	（買掛金）	200,000
	（支払手形）	200,000
12.20	（支払手形）	200,000
	（当座預金）	200,000

テキスト p.3-18～3-19
参照

問題15 受取手形記入帳

解答

売上帳

×2年		摘要			金額
2	3	佐賀商店		掛け	
		A商品	20個	@¥40,000	800,000

得意先（売掛金）元帳

佐賀商店

1

×2年		摘要	借方	貸方	借または貸	残高
2	1	前月繰越	100,000		借	100,000
	3	売上	800,000		〃	900,000
	10	回収		500,000	〃	400,000
	15	回収		300,000	〃	100,000

受取手形記入帳

×2年		摘要	金額	手形種類	手形番号	支払人	振出人または裏書人	振出日		期日		支払場所	てん末		
								月	日	月	日		月	日	摘要
2	10	売掛金	500,000	約手	33	佐賀商店	佐賀商店	2	10	3	31	全経銀行本店			

解説

各取引の仕訳は次のとおりです。

×2年2月3日

(借)売　掛　金　800,000　(貸)売　　上　800,000 ──→売上帳、得意先（売掛金）元帳へ記帳

20個×@¥40,000＝800,000

×2年2月10日

(借)受取手形　500,000　(貸)売　掛　金　500,000 ──→得意先（売掛金）元帳、受取手形記入帳へ記帳

×2年2月15日

(借)現　　金　300,000　(貸)売　掛　金　300,000 ──→得意先（売掛金）元帳へ記帳

テキスト p.3-18 参照

問題16 支払手形記入帳

解答

仕入帳

×2年		摘要			金額
9	2	新橋商店		掛け	
		B商品	200個	@￥3,000	600,000

仕入先(買掛金)元帳[01)]
新橋商店　1

×2年		摘要	借方	貸方	借または貸	残高
9	1	前月繰越		150,000	貸	150,000
	2	仕入		600,000	〃	750,000
	10	支払	500,000		〃	250,000
	26	支払	150,000		〃	100,000

支払手形記入帳

×2年		摘要	金額	手形種類	手形番号	受取人	振出人	振出日		期日		支払場所	てん末譲渡		
								月	日	月	日		月	日	
9	10	買掛金	500,000	約手	23	新橋商店	当社	9	10	12	10	全経銀行本店			

01）
仕入先（買掛金）元帳の場合は借方に減少取引、貸方に増加取引が記入されます。また借または貸欄には、買掛金は負債であるので常に「貸」が記入されることになります。

解説

9月1日　答案用紙の仕入先(買掛金)元帳から、新橋商店の買掛金の前月繰越が、￥150,000あることがわかります。

9月2日　新橋商店からの掛仕入です。よって、仕入帳および仕入先(買掛金)元帳に記入されます。

9月10日　新橋商店に対する買掛金の支払いとして、同店宛の約束手形を振り出しています。よって、支払手形記入帳および仕入先(買掛金)元帳に記入されます。

9月26日　買掛金の決済取引ですので、仕入先(買掛金)元帳に記入されます。仕入取引ではないので、仕入帳の記入は必要ありません。

テキスト p.3-19
参照

電子記録債権・電子記録債務

電子記録債権・電子記録債務①

解答

		借方科目	金額	貸方科目	金額
①	明石商店	売掛金	120,000	売上	120,000
	小松商店	仕入	120,000	買掛金	120,000
②	明石商店	電子記録債権	120,000	売掛金	120,000
	小松商店	買掛金	120,000	電子記録債務	120,000
③	明石商店	買掛金	70,000	電子記録債権	70,000
	小松商店	仕訳なし			
④	明石商店	当座預金	50,000	電子記録債権	50,000
	小松商店	電子記録債務	120,000	当座預金	120,000

解説

②電子記録債権・電子記録債務の発生

明石商店：売掛金について発生記録の通知を受けた[01)]

⇒ 売掛金を電子記録債権に振り替えます。

小松商店：買掛金について発生記録の請求を行った

⇒ 買掛金を電子記録債務に振り替えます。

③電子記録債権の譲渡

明石商店：買掛金支払いのため譲渡記録の請求を行った

⇒ 買掛金と電子記録債権を減少させます。

小松商店：支払先が久里浜商事に変更

⇒ 金額の増減はないため「仕訳なし」となります。

④電子記録債権・電子記録債務の消滅

支払期日には払込を必要とせず、それぞれの取引銀行の口座間で決済が行われます。なお、明石商店は電子記録債権の¥70,000を久里浜商事へ譲渡しているため、残額¥50,000が振り込まれることになります。

01）問題文では明示されていませんが、債務者から発生記録の請求を行った場合、電子債権記録機関から取引銀行を通じて債権者へ発生記録の通知が届きます。

テキスト p.3-21~3-23 参照

問題18 電子記録債権・電子記録債務②

解答

貸借対照表
×8年3月31日
(単位：円)

資産の部			負債の部	
Ⅰ 流動資産			Ⅰ 流動負債	
現金預金		(129,300)	支払手形	(30,000)
受取手形	(80,000)		電子記録債務	(13,500)
電子記録債権	(7,000)		買掛金	(94,500)
売掛金	(113,000)			
貸倒引当金	(△ 4,000)	(196,000)		

解説

(1)電子記録債務の発生

買掛金についての発生記録が行われているため、買掛金から電子記録債務へ振り替えます。

(借)買掛金 7,500	(貸)電子記録債務 7,500

(2)電子記録債権の譲渡

買掛金の支払いのために電子記録債権を譲渡しているため、電子記録債権を減少させます。

(借)買掛金 6,000	(貸)電子記録債権 6,000

(3)電子記録債権の割引

銀行への譲渡の場合、手形の場合と同様に割引料が差し引かれた残額が振り込まれることになります。

(借)現金預金 7,840	(貸)電子記録債権 8,000
電子記録債権売却損 160	

(4)貸倒引当金の設定

電子記録債権を含む売上債権について貸倒引当金を差額補充法により繰り入れます。

電子記録債権：￥21,000 − ￥6,000 − ￥8,000 = ￥7,000

(￥113,000 + ￥80,000 + ￥7,000) × 2％ − ￥1,600 = ￥2,400
（売掛金）（受取手形）（電子記録債権）

(借)貸倒引当金繰入 2,400	(貸)貸倒引当金 2,400

現金預金：￥121,460 + ￥7,840 = ￥129,300
買掛金：￥108,000 − ￥7,500 − ￥6,000 = ￥94,500
電子記録債務：￥6,000 + ￥7,500 = ￥13,500
貸倒引当金：(￥113,000 + ￥80,000 + ￥7,000) × 2％ = ￥4,000

テキスト p.3-21~3-23 参照

Chapter 4 有価証券

Section 1 売買目的有価証券の評価替え

問題1 時価評価①

解答

	借方科目	金　額	貸方科目	金　額
①	売買目的有価証券	*2,000*	有価証券運用損益	*2,000*
②	有価証券運用損益	*40,000*	売買目的有価証券	*40,000*

解説

① 簿価 ¥72,000 ＜ 時価 ¥74,000

¥74,000 － ¥72,000 ＝ ¥2,000

② 簿価 @¥80 × 4,000株＝¥320,000 ＞ 時価 @¥70 × 4,000株＝¥280,000

(@¥70 －@¥80) × 4,000株
＝△¥40,000

テキスト p.4-3~4-4 参照

問題2 時価評価②

解答

	借方科目	金　額	貸方科目	金　額
①	**売買目的有価証券**	*7,573,600*	**当　座　預　金**	*7,573,600*
②	**有価証券運用損益** 01)	*223,600*	**売買目的有価証券**	*223,600*
③	**当　座　預　金**	*120,000*	**受 取 配 当 金** 01)	*120,000*

01) 問題文に科目の指定がある場合には、その科目を用いて仕訳を行う必要があります。

解説

①売買目的有価証券の取得原価には、株式の買入れにかかった手数料等も含まれます。
　有価証券：@￥75,000 × 100株 + ￥73,600 = ￥7,573,600

②決算にあたり、売買目的有価証券の帳簿価額を時価に評価替えします。評価差額は、有価証券評価損益勘定を用いて処理します。
　有価証券評価損益：@￥73,500 × 100株 − ￥7,573,600
　= △￥223,600（評価損）

テキスト p.4-3~4-4
参照

Chapter 5 固定資産

Section 1

固定資産の処理

問題1 売却

解答

借方科目	金額	貸方科目	金額
未収金[01)]	1,500,000	車両運搬具	3,000,000
車両運搬具減価償却累計額	1,350,000		
固定資産売却損	150,000		

01）未収入金でも可。

解説

まず、売却する車両運搬具の帳簿価額を算定します。

帳簿価額＝￥3,000,000（取得原価）－￥1,350,000（減価償却累計額）＝￥1,650,000

次に、帳簿価額￥1,650,000と売却額￥1,500,000を比較して、その差額￥150,000を固定資産売却損勘定で処理します。

なお、売却額は、月末に受け取るので、未収金勘定の借方に記入します。

テキスト p.5-5~5-6 参照

問題2 購入・決算・売却

解答

	借方科目	金額	貸方科目	金額
①	備品	1,000,000	当座預金	1,000,000
②	減価償却費	100,000	備品減価償却累計額[01)]	100,000
③	現金	550,000	備品	1,000,000
	備品減価償却累計額	100,000		
	固定資産売却損[02)]	350,000		

01）間接法のため、貸方は減価償却累計額となります。

02）固定資産売却損は備品売却損とすることもあります。

解　説

本問は固定資産の購入、減価償却(定額法)、売却に関する仕訳を問う問題です。

②定額法の年償却額＝(取得原価－残存価額)÷耐用年数
＝(¥1,000,000 － ¥1,000,000 × 10%) ÷ 9 年 = ¥100,000

③売却についての仕訳を行います。帳簿価額と売却価額とを比較して売却損益を算定します。

帳簿価額：¥1,000,000 － ¥100,000 ＝ ¥900,000

売却損益：¥550,000 － ¥900,000 ＝△¥350,000（固定資産売却損）

問題3 購入・一部売却・決算

解　答

	借方科目	金　額	貸方科目	金　額
①	**備　　品**	*800,000*	**当座預金**	*800,000*
②	**減価償却費**	*120,000*	**備品減価償却累計額**	*120,000*
③	**現　　金**	*200,000*	**備　　品**	*300,000*
	備品減価償却累計額	*45,000*		
	固定資産売却損	*55,000*		
④	**減価償却費**[01]	*75,000*	**備品減価償却累計額**	*75,000*

01）売却しなかった備品についてのみ計上します。

解　説

②売却前年償却額：(¥800,000 － ¥800,000 × 10%) ÷ 6 年 = ¥120,000

③売却する備品について、帳簿価額と売却価額とを比較して売却損益を算定します。

まず、売却する備品の減価償却累計額を計上します。

減価償却累計額：(¥300,000 － ¥300,000 × 10%) ÷ 6 年 = ¥45,000

次に、帳簿価額と売却価額とを比較して売却損益を算定します。

帳簿価額：¥300,000 － ¥45,000 ＝ ¥255,000

売却損益：¥200,000 － ¥255,000 ＝△¥55,000（固定資産売却損）

④売却しなかった備品について、減価償却費を計上します。

売却後年償却額：{(¥800,000 － ¥300,000) －(¥800,000 － ¥300,000) × 10%} ÷ 6 年 = ¥75,000

建設時の処理

問題4 代金の前渡し・完成引渡し・決算

解答

	借方科目	金額	貸方科目	金額
①	建設仮勘定	20,000,000	当座預金	20,000,000
②	建物	50,000,000	建設仮勘定	20,000,000
			当座預金	30,000,000
③	減価償却費	562,500	建物減価償却累計額	562,500

解説

①請負契約そのものに仕訳は行われませんが、支払額は建設仮勘定[01]に計上されます。

②建設仮勘定が建物勘定へ振り替えられます。建物勘定の金額は請負代金の額[02]となります。

③減価償却費：$(¥50,000,000 - ¥50,000,000 \times 10\%) \div 40年 \times \frac{6カ月}{12カ月}$[03]

$= ¥562,500$

01）
建設仮勘定は減価償却を行いません。

02）
建物の取得原価は請負価額となりますが、登記等の付随費用が発生する場合はその費用も含めます。

03）
6カ月しか経過していない点に注意してください。

テキスト p.5-8~5-9 参照

期中売却

問題5 期中売却

解答

借方科目	金額	貸方科目	金額
当座預金	*4,800,000*	**建物**	*6,000,000*
建物減価償却累計額	*1,440,000*	**固定資産売却益**[01]	*255,000*
減価償却費	*15,000*		

01) 固定資産売却益は建物売却益とすることもあります。

解説

減価償却累計額は、売却直前の決算日までの償却額を示し、減価償却費はその決算日から売却日までの償却額を示します。

減価償却累計額：(¥6,000,000－¥6,000,000 × 10%) ÷ 30年× 8 年[02]
= ¥1,440,000

減価償却費：(¥6,000,000 － ¥6,000,000 × 10%) ÷ 30年 × $\frac{1\text{カ月}}{12\text{カ月}}$
= ¥15,000

帳簿価額：¥6,000,000 －(¥1,440,000 + ¥15,000) = ¥4,545,000

固定資産売却損益：¥4,800,000 － ¥4,545,000
= ¥255,000(固定資産売却益)

02) ×1年4月1日から×9年3月31日までの8年分

テキスト p.5-11 参照

Section 4 リース取引

問題6 ファイナンス・リース取引

解答

	借方科目	金額	貸方科目	金額
①	リース資産	3,000,000	リース債務	3,000,000
②	リース債務	600,000	当座預金	600,000
③	減価償却費	600,000	リース資産減価償却累計額	600,000

解説

①リース料総額を借方にリース資産(資産)、貸方にリース債務(負債)として計上します。

リース資産・リース債務：¥600,000×５年＝¥3,000,000

②リース料の支払額をリース債務(負債)の減少として処理します。

③利子込み法の場合、残存価額ゼロ、耐用年数をリース期間として減価償却を行います。

減価償却費：¥300,000÷５年＝¥600,000

テキスト p.5-13~5-15 参照

問題7 オペレーティング・リース取引

解答

	借方科目	金額	貸方科目	金額
①	仕訳なし			
②	支払リース料	240,000	普通預金	240,000

解説

①オペレーティング・リース取引は賃貸借処理によるため、備品の資産計上は行いません。そのため、リース取引の契約日は「仕訳なし」となります[01]。

②リース料を支払った場合には支払リース料勘定（販売費及び一般管理費)を用います。

01）リース契約日にリース料を支払っていれば、仕訳を行う必要があります。

テキスト p.5-16 参照

Chapter 6 引当金

Section 1 貸倒引当金

問題1 前期発生債権の貸倒れ

解答

	借方科目	金額	貸方科目	金額
①	貸倒引当金	3,000	売掛金	3,000
②	貸倒引当金繰入	5,000	貸倒引当金	5,000
③	現金	500	償却債権取立益	500

解説

①前期に取得した売掛金が貸し倒れた場合、貸倒引当金が設定されているので、貸倒引当金を取り崩します。

②期末売掛金残高￥300,000に対して貸倒引当金を設定します。差額補充法を採用しているため、貸倒見積額と決算整理前に残っている貸倒引当金残高との差額を当期の繰入額として計上します。

当期繰入額：￥300,000×２％（貸倒見積額）－（￥200,000×２％－￥3,000）（引当金残高）

＝￥5,000

③前期に貸倒処理していた売掛金を回収した場合には、貸倒引当金を調整するのではなく、償却債権取立益として収益計上します。

テキスト p.6-3 参照

その他の引当金

問題2 修繕引当金・特別修繕引当金

解答

	借方科目	金額	貸方科目	金額
①	修繕引当金繰入	70,000	修繕引当金	70,000
②	特別修繕引当金	950,000	当座預金	1,200,000
	修繕費	250,000		

解説

①修繕引当金を見積計上するので、費用である修繕引当金繰入が発生し、負債である修繕引当金が増加します。
②建物の特別な修繕に対して引当金が設定されているので、特別修繕引当金を取り崩します。差額は当期の費用（修繕費）として処理します。

テキスト p.6-5~6-6 参照

問題3 賞与引当金

解答

	借方科目	金額	貸方科目	金額
①	賞与引当金繰入	720,000	賞与引当金	720,000
②	賞与引当金	720,000	当座預金	810,000
	賞与	90,000		

解説

①支給対象期間にもとづいて支給される従業員賞与の当期負担分については、賞与引当金繰入[01]として費用計上します。
②賞与支給時には前期に設定した賞与引当金を取り崩し、引当額を超える部分については賞与勘定で処理します。

01）役員の場合には、役員賞与引当金繰入勘定、役員賞与引当金勘定を用います。

テキスト p.6-6 参照

Chapter 7 株式の発行

Section 1 株式会社の資本構成

問題1 純資産の部の構成

解答

イ	資本準備金	ロ	資本剰余金	ハ	剰余金
ニ	利益準備金	ホ	その他利益剰余金	ヘ	*50,000*
ト	*75,000*				

テキスト p.7-2~7-3
参照

Section 2 株式の発行

問題2 会社設立時の株式発行

解答

	借方科目	金額	貸方科目	金額
①	当座預金	*240,000,000*	資本金	*240,000,000*
②	当座預金	*120,000,000*	資本金	*60,000,000*
			資本準備金	*60,000,000*
	創立費	*1,500,000*	当座預金	*1,500,000*
③	開業費	*830,000*	当座預金	*830,000*

解説

①「原則」を採用しているので、払込金額（発行価額）の全額を資本金に組み入れます[01]。
資本金：@¥120,000 × 2,000株 = ¥240,000,000

01）「原則」を採用しているので資本準備金は発生しません。

②「容認」規定を採用しているので、払込金額の1/2を資本金に組み入れます。

当座預金：@¥80,000 × 1,500株 = ¥120,000,000

資 本 金：@¥80,000 × 1,500株 × $\frac{1}{2}$ = ¥60,000,000

資本準備金：貸借差額

③開業準備のために直接支出した費用は個別の科目を用いないで、すべて開業費勘定により処理します。

問題3 増資時の株式発行①

解 答

借方科目	金 額	貸方科目	金 額
当座預金	180,000,000	資本金	135,000,000
		資本準備金	45,000,000
株式交付費	1,100,000	当座預金	1,100,000

解 説

払込金額のうち、資本金に組み入れない部分は、資本準備金勘定で処理します。

当座預金：@¥60,000 × 3,000株 = ¥180,000,000

資本金：@¥45,000 × 3,000株 = ¥135,000,000

資本準備金：貸借差額

問題4 増資時の株式発行②

解 答

借方科目	金 額	貸方科目	金 額
当座預金	40,000,000	資本金	20,000,000
		資本準備金	20,000,000
株式交付費	270,000	当座預金	270,000

解 説

当座預金：@¥80,000 × 500株 = ¥40,000,000

資本準備金：@¥40,000 × 500株 = ¥20,000,000

資本金：貸借差額

剰余金の配当

配当の決議・支払い・利益の振替えと勘定記入

解　答

(1)

	借方科目	金　額	貸方科目	金　額
①	**繰越利益剰余金**[01)]	*3,350,000*	**利益準備金**	*240,000*
			未払配当金	*2,400,000*
			別途積立金	*710,000*
②	**未払配当金**	*2,400,000*	**当座預金**	*2,400,000*
③	**損　益**	*8,940,000*	**繰越利益剰余金**	*8,940,000*

01）
繰越利益剰余金は、純資産（資本）項目であり貸方残高です。処分時には借方に移して減少させます。貸借を逆にしないように注意してください。

(2)

繰越利益剰余金

6/30	利益準備金	*240,000*	4/1	前期繰越	3,940,000
〃	未払配当金	*2,400,000*	3/31	**損　益**	*8,940,000*
〃	別途積立金	*710,000*			
3/31	**次期繰越**	*9,530,000*			
		12,880,000			*12,880,000*

解　説

①剰余金の配当がなされなかった金額は、繰越利益剰余金勘定に残ったまま次期に繰り越されます。
②未払配当金を減らします。
③繰越利益剰余金勘定残高に当期純利益を加算して、次期に繰り越します。

テキスト p.7-9~7-11
参照

問題6 利益の振替え

解 答

	借方科目	金 額	貸方科目	金 額
1	損 益	1,240,000	繰越利益剰余金	1,240,000
2	損 益	1,360,000	繰越利益剰余金	1,360,000

解 説

決算において当期純利益を計上した場合には、損益勘定から繰越利益剰余金勘定の貸方に振り替えます。

なお、当期純損失を計上した場合には、損益勘定から繰越利益剰余金勘定の借方に振り替えます。

テキスト p.7-11
参照

問題7 準備金の積立

解 答

借方科目	金 額	貸方科目	金 額
繰越利益剰余金	4,550,000	利 益 準 備 金	50,000
		未 払 配 当 金	2,000,000
		別 途 積 立 金	2,500,000

解 説

利益準備金は、繰越利益剰余金の配当をする日ごとに剰余金の配当として支出する社外流出金額（株主配当金）の1/10を、資本準備金と利益準備金の合計額が資本金の1/4に達するまで積み立てることが強制されています。

株式配当金：@¥2,000 × 1,000株 = ¥2,000,000

$¥2{,}000{,}000 \times \frac{1}{10} = ¥200{,}000$…(A)

$\underset{\text{資本金}}{¥30{,}000{,}000} \times \frac{1}{4} - (\underset{\text{資本準備金}}{¥6{,}200{,}000} + \underset{\text{利益準備金}}{¥1{,}250{,}000}) = ¥50{,}000$…(B)

(A)¥200,000 ＞(B)¥50,000　よって¥50,000が利益準備金積立額

テキスト p.7-10～7-11
参照

Chapter 8 決算

Section 1 税金の処理

問題1 法人税等①

解答

	借方科目	金額	貸方科目	金額
①	法人税等	1,200,000	未払法人税等	1,200,000
②	未払法人税等	1,200,000	当座預金	1,200,000

解説

①確定した法人税額[01]のうち、未払分は未払法人税等勘定（負債）で処理します。
②さきに計上した未払法人税等勘定を借方に記入します。

01）法人税等勘定は純利益のマイナス項目となる税金です。

問題2 法人税等②

解答

	借方科目	金額	貸方科目	金額
1	仮払法人税等	292,000	現金	292,000
2	法人税等	625,000	仮払法人税等	385,000
			未払法人税等	240,000

解説

1．本問では、前年度の法人税額を基準にして中間納付を行っています。中間納付額は、仮払法人税等勘定で処理します。
2．決算整理にあたり法人税等を計上するときは、法人税等勘定の借方に記入します。また、本問では、中間納付を行っているので、中間納付額である仮払法人税等￥385,000と法人税等￥625,000との差額を未払法人税等勘定の貸方に記入します。

問題3 消費税の処理

解　答

	借方科目	金　額	貸方科目	金　額
1	現金	440,000	売上	400,000
			仮受消費税	40,000
2	仕入	150,000	買掛金	165,000
	仮払消費税	15,000		
3	仮受消費税	2,587,000	仮払消費税	1,726,000
			未払消費税	861,000
4	未払消費税	861,000	当座預金	861,000

解　説

1．税抜方式を採用しているため、受取額に含まれている消費税額 ¥40,000を仮受消費税として売上高と分けて処理します。
2．支払額に含まれている消費税額 ¥15,000を仮払消費税として仕入高と分けて処理します。
3．仮受消費税が仮払消費税より多額である場合は、その差額分を未払消費税として処理します。
4．未払消費税は後日、納付します。

テキスト p.8-10 ～ 8-11
参照

売上原価の算定と損益勘定

仕入勘定で算定する場合

解答

(1)

	借方科目	金額	貸方科目	金額
①	仕入	4,800	買掛金	4,800
②	買掛金	600	仕入	600
③	仕入	6,600	当座預金	6,600
④	売掛金	17,600	売上	17,600
⑤	仕入	2,500	繰越商品	2,500
	繰越商品	1,100	仕入	1,100
	損益	12,200	仕入	12,200
	売上	17,600	損益	17,600

(2)

仕入

買掛金	4,800	買掛金	600
当座預金	6,600	繰越商品	1,100
繰越商品	2,500	損益	12,200

売上

損益	17,600	売掛金	17,600

繰越商品

前期繰越[01)	2,500	仕入	2,500
仕入	1,100		

損益

仕入	12,200	売上	17,600

01）期首商品棚卸高を表しています。

(3)

	借方科目	金額	貸方科目	金額
⑤	売上原価	2,500	繰越商品	2,500
	売上原価	10,800	仕入	10,800
	繰越商品	1,100	売上原価	1,100
	損益	12,200	売上原価	12,200
	売上	17,600	損益	17,600

売上原価

繰越商品	2,500	繰越商品	1,100
仕入	10,800	損益	12,200

損益

売上原価	12,200	売上	17,600

解　説

(1)

①三分法のもとでの商品仕入は、仕入勘定の借方に記入します。

@￥600 × 8 個 = ￥4,800

②返品を行った場合、仕入勘定の貸方に記入します。

@￥600 × 1 個 = ￥600

③小切手の振出しは、当座預金を減少させるため、当座預金勘定の貸方に記入します。これによる仕入なので、仕入勘定の借方に記入します。

@￥550 × 12 個 = ￥6,600

④三分法のもとでの商品売上￥17,600は、売上勘定の貸方に記入します。

⑤期末商品の数量を求めます[02)]。

02) 返品を忘れないようにしてください。

商　品

借方		貸方	
期首	5 個	④	22 個
①	8 個		
②	△1 個	期末	? 個
③	12 個		

(番号は取引番号を示す)

期末の？個は、差額で求めることができます。

5 個 + 8 個 − 1 個 + 12 個 − 22 個 = 2 個

先入先出法により期末商品の単価は③の仕入単価である@￥550となるので、期末商品棚卸高を算定することができます。

@￥550 × 2 個 = ￥1,100

最後に、決算整理仕訳を行うことで仕入勘定残高および売上勘定残高が以下のようになるので、それぞれ損益勘定に振り替えます。

仕入勘定残高：￥4,800 − ￥600 + ￥6,600 + ￥2,500 − ￥1,100 = ￥12,200

売上勘定残高：￥17,600

(2)

転記を行うさいには、貸借を反対にしないようにしてください。特に期首商品棚卸高と期末商品棚卸高を混同しないように注意してください。

(3)

売上原価の計算を売上原価勘定で行うので、決算にさいして新たに売上原価勘定を設け、計算要素を集計します。さらに、売上原価勘定残高を損益勘定に振り替えます。

売上原価勘定残高：￥2,500 + ￥10,800 − ￥1,100 = ￥12,200

テキスト p.8-12 ～ 8-13
参照

期末商品の評価

期末商品の評価

解　答

損　益　計　算　書

Ⅰ 売　上　高		1,935,260
Ⅱ 売　上　原　価		
期首商品棚卸高	248,650	
当期商品仕入高	1,465,700	
合　計	1,714,350	
期末商品棚卸高	(*262,740*)	
差　引[01)]	(*1,451,610*)	
棚卸減耗費[02)]	(*5,900*)	
商品評価損[02)]	(*8,400*)	(*1,465,910*)
売上総利益		(*469,350*)

01）
期首商品棚卸高と当期商品仕入高の合計から、期末商品棚卸高を「差し引いて」、売上原価を計算するという意味です。

02）
棚卸減耗費や商品評価損という費用を売上原価に加算する点に注意します。

解　説

a 商品

	¥153,300	
原価 @¥420	商品評価損 ¥5,400	棚卸減耗費 ¥2,100
正味売却価額 @¥405		
	実地棚卸数量 360個	帳簿棚卸数量 365個

b 商品

		¥109,440	
原価 @¥380		商品評価損 ¥3,000	棚卸減耗費 ¥3,800
正味売却価額 @¥260			
		品質低下品 25個	実地棚卸数量 278個	帳簿棚卸数量 288個

①帳簿上の棚卸高	a 商品	@¥420 × 365個 = ¥153,300
	b 商品	@¥380 × 288個 = ¥109,440
	合　計	¥153,300 + ¥109,440 = ¥262,740
②棚卸減耗費	a 商品	@¥420 ×（365個 − 360個）= ¥2,100
	b 商品	@¥380 ×（288個 − 278個）= ¥3,800
	合　計	¥2,100 + ¥3,800 = ¥5,900
③商品評価損	a 商品	（@¥420 − @¥405）× 360個 = ¥5,400
	b 商品	（@¥380 − @¥260）× 25個 = ¥3,000
	合　計	¥5,400 + ¥3,000 = ¥8,400

テキスト p.8-14～8-17
参照

収益・費用の繰延べ・見越し

Chapter 8 決算

問題6 収益・費用の繰延べ

解答

	借方科目	金額	貸方科目	金額
①	前払保険料	30,000	保険料	30,000
②	受取家賃	160,000	前受家賃	160,000

解説

①期中に支払った保険料のうち未経過分￥30,000は、翌期の費用となるため、前払保険料勘定（資産）を用いて翌期に繰り延べます。
②期中に受け取った家賃のうち未経過分￥160,000は、翌期の収益となるため、前受家賃勘定(負債)を用いて翌期に繰り延べます。

テキスト p.8-21 ~ 8-22 参照

問題7 収益・費用の見越し

解答

	借方科目	金額	貸方科目	金額
①	未収利息	9,000	受取利息	9,000
②	支払手数料	30,000	未払手数料	30,000

解説

①利息の受け取りが完了していなくても、未収高￥9,000は当期の収益として処理するため、未収利息勘定（資産）を用いて見越し計上します。
②手数料の支払期日が来ていなくても、未払高￥30,000は当期の費用として処理するため、未払手数料勘定（負債）を用いて見越し計上します。

テキスト p.8-25 ~ 8-26 参照

問題8 再振替仕訳

解答

	借方科目	金額	貸方科目	金額
①	**保険料**	*36,000*	**前払保険料**	*36,000*
②	**受取利息**	*48,000*	**未収利息**	*48,000*
③	**前受手数料**	*15,000*	**受取手数料**	*15,000*
④	**未払家賃**	*250,000*	**支払家賃**	*250,000*

解説

前期末には、以下のような仕訳が行われます。再振替仕訳は、これと貸借逆の仕訳を行います。

①	(借)前払保険料	36,000	(貸)保険料	36,000
②	(借)未収利息	48,000	(貸)受取利息	48,000
③	(借)受取手数料	15,000	(貸)前受手数料	15,000
④	(借)支払家賃	250,000	(貸)未払家賃	250,000

テキスト p.8-23、8-27 参照

精算表

精算表①

解答

精　　算　　表

勘定科目	残高試算表		整理記入		損益計算書		貸借対照表	
	借方	貸方	借方	貸方	借方	貸方	借方	貸方
現金	387,000			20,000			367,000	
当座預金	780,000						780,000	
売掛金	382,000			32,000			350,000	
貸倒引当金		4,000		3,000				7,000
売買目的有価証券	146,000		3,000				149,000	
繰越商品	120,000		140,000	120,000			140,000	
仮払法人税等	50,000			50,000				
備品	400,000						400,000	
備品減価償却累計額		100,000		50,000				150,000
買掛金		230,000						230,000
仮受金		32,000	32,000					
資本金		1,000,000						1,000,000
資本準備金		250,000						250,000
利益準備金		160,000						160,000
繰越利益剰余金		92,000						92,000
売上		5,067,000				5,067,000		
受取手数料		65,000	5,000			60,000		
仕入	2,800,000		120,000	140,000	2,780,000			
給料	960,000				960,000			
保険料	195,000			15,000	180,000			
消耗品費	30,000			4,000	26,000			
支払家賃	750,000		18,000		768,000			
	7,000,000	7,000,000						
雑（**損**）			2,000		2,000			
貸倒引当金繰入			3,000		3,000			
減価償却費			50,000		50,000			
有価証券運用損益				3,000		3,000		
（**消耗品**）			4,000				4,000	
（**前受**）手数料				5,000				5,000
（**前払**）保険料			15,000				15,000	
法人税等			108,000		108,000			
（**未払**）法人税等				58,000				58,000
当期純（利益）					253,000			253,000
			500,000	500,000	5,130,000	5,130,000	2,205,000	2,205,000

解　説

付　記　事　項

売掛金の回収分なので、売掛金(資産)の減少として処理します。

(借)	仮受金	32,000	(貸)	売掛金	32,000

決算整理事項

1．現金過不足の処理

帳簿残高を実際有高に合わせ、家賃の計上不足額を計上し、差額は雑損として処理します。

(借)	支払家賃	18,000	(貸)	現金	20,000
	雑損	2,000			

現金：¥367,000（実際有高）－¥387,000（帳簿残高）＝△¥20,000（現金不足）

支払家賃：¥64,000－¥46,000＝¥18,000（計上不足額）

2．売上原価の算定

(借)	仕入	120,000	(貸)	繰越商品	120,000
(借)	繰越商品	140,000	(貸)	仕入	140,000

3．貸倒引当金の設定

(借)	貸倒引当金繰入	3,000	(貸)	貸倒引当金	3,000

貸倒引当金繰入：(¥382,000－¥32,000（付記事項）)×２％－¥4,000＝¥3,000

4．固定資産の減価償却

(借)	減価償却費	50,000	(貸)	備品減価償却累計額	50,000

減価償却費：¥400,000÷８年＝¥50,000

5．有価証券の評価替え

(借)	売買目的有価証券	3,000	(貸)	有価証券運用損益	3,000

有価証券評価損益：¥149,000－¥146,000＝¥3,000（評価益）

6．消耗品の処理

(借)	消耗品	4,000	(貸)	消耗品費	4,000

7．受取手数料の繰延べ

(借)	受取手数料	5,000	(貸)	前受手数料	5,000

8．保険料の繰延べ

(借)	前払保険料	15,000	(貸)	保険料	15,000

9．法人税等の処理

(借)	法人税等	108,000	(貸)	仮払法人税等	50,000
				未払法人税等	58,000

法人税等：¥360,000×30％＝¥108,000

テキスト p.8-32~8-34
参照

問題10

精算表②

解 答

精　　算　　表

勘定科目	残高試算表		整理記入		損益計算書		貸借対照表	
	借方	貸方	借方	貸方	借方	貸方	借方	貸方
現金	500,000		*4,000*	*2,000*			*502,000*	
当座預金	856,000						*856,000*	
売掛金	727,000			*27,000*			*700,000*	
貸倒引当金		12,000		*9,000*				*21,000*
売買目的有価証券	83,000			*4,000*			*79,000*	
繰越商品	620,000		*580,000*	*620,000*			*580,000*	
仮払金	50,000			*50,000*				
仮払法人税等	70,000			*70,000*				
備品	960,000						*960,000*	
備品減価償却累計額		360,000		*120,000*				*480,000*
土地	800,000						*800,000*	
買掛金		400,000						*400,000*
資本金		2,600,000						*2,600,000*
資本準備金		300,000						*300,000*
利益準備金		200,000						*200,000*
繰越利益剰余金		120,000						*120,000*
売上		5,718,000				*5,718,000*		
受取手数料		90,000	*11,000*			*79,000*		
仕入	2,300,000		*620,000*	*580,000*	*2,340,000*			
給料	1,200,000				*1,200,000*			
旅費	163,000		*52,000*		*215,000*			
支払家賃	1,040,000			*80,000*	*960,000*			
支払手数料	173,000		*30,000*		*203,000*			
水道光熱費	216,000		*26,000*		*242,000*			
消耗品費	42,000			*6,000*	*36,000*			
	9,800,000	9,800,000						
貸倒引当金繰入			*9,000*		*9,000*			
減価償却費			*120,000*		*120,000*			
有価証券運用損益			*4,000*		*4,000*			
(**消耗品**)			*6,000*				*6,000*	
雑(**益**)				*3,000*		*3,000*		
(**前払**)家賃			*80,000*				*80,000*	
未払手数料				*30,000*				*30,000*
前受手数料				*11,000*				*11,000*
法人税等			*150,000*		*150,000*			
(**未払**)法人税等				*80,000*				*80,000*
当期純(**利益**)					*321,000*			*321,000*
			1,692,000	*1,692,000*	*5,800,000*	*5,800,000*	*4,563,000*	*4,563,000*

解説

付記事項

仮払金と不足額の合計を旅費（費用）で処理します。

(借)旅費	52,000	(貸)仮払金	50,000
		現金	2,000

決算整理事項

1．現金過不足の処理

付記事項の処理により、帳簿残高は￥498,000（＝￥500,000－￥2,000）となります。そこで、帳簿残高を実際有高に合わせ、誤記入と記入漏れを処理し、差額は雑益として処理します。

(借)現金	4,000	(貸)売掛金	27,000
水道光熱費	26,000	雑益	3,000

現金：￥502,000（実際有高）－￥498,000（帳簿残高）＝￥4,000（現金過剰）

売掛金：￥230,000－￥203,000＝￥27,000（貸方計上不足額）

2．売上原価の算定

(借)仕入	620,000	(貸)繰越商品	620,000
(借)繰越商品	580,000	(貸)仕入	580,000

3．貸倒引当金の設定

(借)貸倒引当金繰入	9,000	(貸)貸倒引当金	9,000

貸倒引当金繰入：（￥727,000－￥27,000（1．より））×３％－￥12,000＝￥9,000

4．固定資産の減価償却

(借)減価償却費	120,000	(貸)備品減価償却累計額	120,000

減価償却費：￥960,000÷８年＝￥120,000

5．有価証券の評価替え

(借)有価証券運用損益	4,000	(貸)売買目的有価証券	4,000

有価証券評価益：￥79,000－￥83,000＝△￥4,000（評価損）

6．消耗品の処理

(借)消耗品	6,000	(貸)消耗品費	6,000

7．支払家賃の繰延べ

(借)前払家賃	80,000	(貸)支払家賃	80,000

8．支払手数料の見越し

(借)支払手数料	30,000	(貸)未払手数料	30,000

9．受取手数料の繰延べ

(借)受取手数料	11,000	(貸)前受手数料	11,000

10．法人税等の処理

(借)法人税等	150,000	(貸)仮払法人税等	70,000
		未払法人税等	80,000

法人税等：￥500,000×30％＝￥150,000

テキスト p.8-32～8-34 参照

財務諸表

問題11 財務諸表の作成①

解答

損益計算書 (単位：円)

費用	金額	収益	金額
期首商品棚卸高	360,000	売上高	7,000,000
当期商品仕入高	4,000,000	期末商品棚卸高	400,000
棚卸減耗費	20,000		
商品評価損	57,000		
売上総利益	2,963,000		
	7,400,000		7,400,000
給料	1,344,000	売上総利益	2,963,000
通信費	328,000	受取利息	70,000
保険料	57,400	受取配当金	100,000
貸倒引当金繰入	27,600		
減価償却費	160,000		
支払利息	66,000		
有価証券運用損	150,000		
法人税等	300,000		
当期純利益	700,000		
	3,133,000		3,133,000

貸借対照表 (単位：円)

資産	金額	負債・純資産	金額
現金預金	579,600	支払手形	700,000
受取手形	960,000	買掛金	1,510,000
売掛金	1,920,000	借入金	1,200,000
貸倒引当金	△ 57,600	未払費用	10,000
商品	323,000	未払法人税等	300,000
有価証券	1,150,000	資本金	2,000,000
貸付金	1,060,000	利益準備金	400,000
前払費用	35,000	任意積立金	900,000
建物	2,000,000	繰越利益剰余金	830,000
減価償却累計額	△ 660,000		
備品	1,000,000		
減価償却累計額	△ 460,000		
	7,850,000		7,850,000

解　説

1．決算整理仕訳

⑴売上原価の算定および期末商品の評価

(借)仕　　　　入	360,000	(貸)繰　越　商　品	360,000
(借)繰　越　商　品	400,000[01]	(貸)仕　　　　入	400,000
(借)棚 卸 減 耗 費	20,000[02]	(貸)繰　越　商　品	77,000
商 品 評 価 損	57,000[03]		

原価　@¥1,000

正味売却価額　@¥850

商品評価損 ¥57,000	棚卸減耗費 ¥20,000
B/S 商品 ¥323,000	

実地数量 380個　帳簿数量 400個

01)
@¥1,000×400個
=¥400,000

02)
@¥1,000×(400個
−380個)=¥20,000

03)
(@¥1,000−@¥850)
×380個=¥57,000

⑵売買目的有価証券の評価替え

(借)有価証券運用損	150,000	(貸)売買目的有価証券	150,000

運用損：(@¥2,300（時価） −@¥2,600（原価）) × 500株＝△¥150,000

売買目的有価証券は、B／S上、有価証券として表示します。

⑶減価償却費の計上

(借)減 価 償 却 費	160,000	(貸)建物減価償却累計額	60,000
		備品減価償却累計額	100,000

建物：(¥2,000,000 − ¥2,000,000 × 10%) ÷ 30年＝¥60,000

備品：¥1,000,000 ÷ 10年＝¥100,000

⑷貸倒引当金の設定（差額補充法）

(借)貸倒引当金繰入	27,600	(貸)貸 倒 引 当 金	27,600

(¥960,000（受取手形） + ¥1,920,000（売掛金）) × 2％ − ¥30,000 ＝ ¥27,600

⑸保険料の繰延べ

(借)前 払 費 用	35,000	(貸)保　険　料	35,000

$$¥60,000 \times \frac{7\text{カ月}}{12\text{カ月}} = ¥35,000$$

(6)支払利息の見越し

(借)支払利息	10,000	(貸)未払費用	10,000

(7)法人税等の計上

(借)法人税等	300,000	(貸)未払法人税等	300,000

2．当期純利益の計算
損益計算書の貸借差額で計算します。

3．繰越利益剰余金の計算
決算整理前残高試算表の繰越利益剰余金の金額に、当期純利益を加えて計算します。
¥130,000 ＋ ¥700,000 ＝ ¥830,000

財務諸表の作成②

解答

(1) 貸借対照表

貸借対照表

(単位：円)

資産の部			負債の部		
I 流動資産			I 流動負債		
現金預金		(1,320,000)	**(支払手形)**		(130,000)
(受取手形)	(165,000)		**(買掛金)**		(215,000)
(売掛金)	(465,000)		流動負債合計		(345,000)
計	(630,000)		II 固定負債		
(貸倒引当金)	(△ 15,000)	(615,000)	長期借入金		(750,000)
(商品)		(100,000)	固定負債合計		(750,000)
(前払費用)		(3,000)	負債合計		(1,095,000)
(未収収益)		(5,000)	純資産の部		
(貸付金)		(830,000)	I 株主資本		
流動資産合計		(2,873,000)	1 資本金		(2,500,000)
II 固定資産			2 資本剰余金		
(建物)	(3,000,000)		(1)**(資本準備金)**		(300,000)
(減価償却累計額)	(810,000)	(2,190,000)	3 利益剰余金		
固定資産合計		(2,190,000)	(1)**(利益準備金)**	(210,000)	
			(2) その他利益剰余金		
			(任意積立金)	(400,000)	
			(繰越利益剰余金)	(558,000)	(1,168,000)
			純資産合計		(3,968,000)
資産合計		(5,063,000)	負債及び純資産合計		(5,063,000)

⑵　①報告式損益計算書

損　益　計　算　書　　　　(単位：円)

Ⅰ　売　上　高			(1,785,000)
Ⅱ　売上原価			
1.(期首商品棚卸高)	(98,000)		
2.(当期商品仕入高)	(1,087,000)		
合　　計	(1,185,000)		
3.(期末商品棚卸高)	(100,000)		(1,085,000)
売上総利益			(700,000)
Ⅲ　販売費及び一般管理費			
(貸倒引当金繰入)	(12,600)		
(保　険　料)	(150,000)		
(減価償却費)	(90,000)		
(支　払　家　賃)	(167,000)		(419,600)
営業利益			(280,400)
Ⅳ　営業外収益			
(受　取　利　息)			(77,200)
Ⅴ　営業外費用			
(支　払　利　息)			(156,000)
経常利益			(201,600)
Ⅵ　特別利益			
(固定資産売却益)			(7,800)
当期純利益			(209,400)

②勘定式・２区分損益計算書

損　益　計　算　書　　　　(単位：円)

費　用	金　額	収　益	金　額
期首商品棚卸高	98,000	売　上　高	1,785,000
当期商品仕入高	1,087,000	期末商品棚卸高	100,000
売上総利益	700,000		
	1,885,000		1,885,000
貸倒引当金繰入	12,600	売上総利益	700,000
保　険　料	150,000	受取利息	77,200
減価償却費	90,000	固定資産売却益	7,800
支払家賃	167,000		
支払利息	156,000		
当期純利益	209,400		
	785,000		785,000

解　説

決算整理後残高試算表から貸借対照表および損益計算書を作成する問題です。

決算整理後の各勘定科目が貸借対照表・損益計算書のいずれの項目であるか、どの区分に記載すべきかを判断できるか否かがポイントです。

また、貸借対照表の繰越利益剰余金は、貸借差額として計算できますが、決算整理後残高試算表の金額に当期純利益を足すことで求めることもできます。

繰越利益剰余金：￥348,600＋￥209,400＝￥558,000
（￥209,400：当期純利益）

テキスト p.8-38～8-43
参照

Chapter 9 本支店会計

Section 1 本支店会計

問題1 本支店会計の取引

解答

		借方科目	金額	貸方科目	金額
①	本店	支店[01]	700,000	現金	700,000
	支店	現金	700,000	本店[02]	700,000
②	本店	現金	1,050,000	支店	1,050,000
	支店	本店	1,050,000	売掛金	1,050,000
③	本店	買掛金	420,000	支店	420,000
	支店	本店	420,000	現金	420,000
④	本店	営業費	210,000	支店	210,000
	支店	本店	210,000	当座預金	210,000
⑤	本店	支店	120,000	現金	120,000
	支店	支払家賃	120,000	本店	120,000

支店

借方	貸方
① 700,000	② 1,050,000
⑤ 120,000	③ 420,000
	④ 210,000

本店

借方	貸方
② 1,050,000	① 700,000
③ 420,000	⑤ 120,000
④ 210,000	

01）支店勘定は本店の支店に対する債権を表します。したがって資産項目と考えることができます。

02）本店勘定は支店の本店に対する債務を表します。したがって負債項目と考えることができます。

解説

①本店にあった現金が支店に移動することを示すので、本店は現金の減少[03]、支店では現金の増加[04]を示す仕訳を行います。

②現金で売掛金を回収したときの処理は、以下のようになります。

(借)現　金 ×××　(貸)売　掛　金 ×××

この場合、現金を受け取ったのは本店、売掛金が減少したのは支店ですから、それぞれの仕訳に分けます。

本　店：(借)現　金 ×××　(貸)　?　×××
支　店：(借)　?　×××　(貸)売　掛　金 ×××

①で述べたように、本店の仕訳の(?)には支店勘定が、支店の仕訳の(?)には本店勘定が入ることになります。

03）本店は送金することによって現金が減少するとともに支店に対する債権が増加したことになります。

04）支店は送金を受けることによって現金が増加し、それとともに本店に対する債務が増加したことになります。

③②と同じように、以下の処理を行います。

(借)買　掛　金 ××× (貸)現　金 ×××

本　店：(借)買　掛　金 ××× (貸)支　店 ×××
支　店：(借)本　店 ××× (貸)現　金 ×××

④普通の仕訳を行い、本店支店の仕訳に分けて相手の勘定を入れます。

(借)営　業　費 ××× (貸)当 座 預 金 ×××

本　店：(借)営　業　費 ××× (貸)支　店 ×××
支　店：(借)本　店 ××× (貸)当 座 預 金 ×××

⑤④と同じように、以下の処理を行います。

(借)支 払 家 賃 ××× (貸)現　金 ×××

本　店：(借)支　店 ××× (貸)現　金 ×××
支　店：(借)支 払 家 賃 ××× (貸)本　店 ×××

勘定記入

本　店

1,050,000	700,000
420,000	120,000
210,000	残高 860,000

支　店

700,000	1,050,000
120,000	420,000
残高 860,000	210,000

一　致[05)]

05）本店、支店の各勘定に各取引の記入を行うと、本店勘定と支店勘定の残高は一致します。

テキスト p.9-2~9-4 参照

合併財務諸表の作成

合併財務諸表の作成①

解答

損益計算書

×1年4月1日から×2年3月31日まで

京都産業株式会社

費用	金額	収益	金額
(**期首**) 商品棚卸高	1,180,000	売上高	17,036,000
当期商品純仕入高	12,794,000	(**期末**) 商品棚卸高	1,330,000
(**売上総利益**)	4,392,000		
	18,366,000		18,366,000
給料	1,200,000	売上総利益	4,392,000
支払家賃	900,000	受取手数料	92,000
(**貸倒引当金繰入**)	520	雑収入	29,000
(**減価償却費**)	288,000		
保険料	330,000		
広告費	520,000		
消耗品費	320,000		
支払利息	59,000		
(**当期純利益**)	895,480		
	4,513,000		4,513,000

本支店合併後の消耗品	¥ 260,000

解説

1．決算整理事項

(1)売上原価の算定

① 期首商品棚卸高：¥750,000＋¥430,000＝¥1,180,000

② 当期商品純仕入高：¥7,450,000＋¥5,344,000＝¥12,794,000

③ 期末商品棚卸高：¥650,000＋¥680,000＝¥1,330,000

(2)貸倒引当金の設定

(借)貸倒引当金繰入	520	(貸)貸倒引当金	520

売掛金：¥2,138,000＋¥946,000＝¥3,084,000

貸倒引当金繰入：¥3,084,000×3%－¥92,000＝¥520

⑶固定資産の減価償却

(借)減価償却費	288,000	(貸)備品減価償却累計額	288,000

減価償却費：(¥1,000,000 − ¥1,000,000 × 10%) ÷ 5年 + (¥600,000 − ¥600,000 × 10%) ÷ 5年 = ¥288,000

⑷消耗品の処理

残高試算表に消耗品費勘定があることから、消耗品は購入時に費用処理していることがわかります。そのため、決算整理において消耗品の未使用高を消耗品勘定（資産）に振り替えます。また、本支店合併後の消耗品の金額は、本店と支店の消耗品未使用高を合計した金額¥260,000となります。

(借)消耗品	260,000	(貸)消耗品費	260,000

消耗品費：¥580,000 − ¥260,000 = ¥320,000

⑸保険料の繰延べ

(借)前払保険料	90,000	(貸)保険料	90,000

保険料：¥420,000 − ¥90,000 = ¥330,000

⑹支払利息の見越し

(借)支払利息	19,000	(貸)未払利息	19,000

支払利息：¥40,000 + ¥19,000 = ¥59,000

⑺支払家賃の見越し

(借)支払家賃	200,000	(貸)未払家賃	200,000

支払家賃：¥700,000 + ¥200,000 = ¥900,000

⑻受取手数料の見越し

(借)未収手数料	23,000	(貸)受取手数料	23,000

受取手数料：¥69,000 + ¥23,000 = ¥92,000

テキスト p.9-6〜9-10
参照

問題3 合併財務諸表の作成②

解答

貸借対照表

長崎産業株式会社　　×2年3月31日

資産		金額	負債および純資産	金額
現金		2,591,000	支払手形	2,973,000
当座預金		3,689,000	買掛金	2,626,000
売掛金	(3,383,000)		借入金	1,400,000
貸倒引当金	(67,660)	3,315,340	未払利息	12,800
商品		1,230,000	資本金	5,000,000
(**消耗品**)		280,000	当期純利益	357,540
前払保険料		360,000		
(**未収手数料**)		24,000		
備品	(1,600,000)			
減価償却累計額	(720,000)	880,000		
		12,369,340		12,369,340

順不同（消耗品・前払保険料・未収手数料）

本支店合併後の保険料	¥　480,000

解説

1．決算整理事項

(1)現金：本店¥1,696,000＋支店¥895,000＝¥2,591,000
(2)売掛金：本店¥2,065,000＋支店¥1,318,000＝¥3,383,000
　貸倒引当金：¥3,383,000×2％＝¥67,660
(3)商品：本店期末商品¥560,000＋支店期末商品¥670,000＝¥1,230,000
(4)消耗品：消耗品未使用高　本店¥200,000＋支店¥80,000＝¥280,000
(5)前払保険料：保険料の前払高　本店¥240,000＋支店¥120,000＝¥360,000
　本支店合併後の保険料：本店¥480,000＋支店¥360,000－¥360,000＝¥480,000
(6)未収手数料：手数料の未収高　本店¥15,000＋支店¥9,000＝¥24,000
(7)備品：本店¥1,000,000＋支店¥600,000＝¥1,600,000
　減価償却累計額：本店¥300,000＋支店¥180,000＋当期減価償却費¥240,000＝¥720,000
　当期減価償却費：本店(¥1,000,000－¥1,000,000×10％)÷6年＝¥150,000
　　支店(¥600,000－¥600,000×10％)÷6年＝¥90,000
　　合計　¥150,000＋¥90,000＝¥240,000
(8)買掛金：本店¥1,829,000＋支店¥797,000＝¥2,626,000
(9)未払利息：利息の未払高　本店¥8,000＋支店¥4,800＝¥12,800

テキスト p.9-6～9-10 参照

精算表の作成

解　答

精　　　算　　　表　　　　（単位：円）

勘定科目	本店試算表		支店試算表		整理記入		損益計算書		貸借対照表	
	借方	貸方	借方	貸方	借方	貸方	借方	貸方	借方	貸方
現金	317,000		205,000						522,000	
当座預金	352,800		252,600						605,400	
売掛金	410,800		189,200						600,000	
貸倒引当金		11,920		4,680		1,400				18,000
繰越商品	150,000		86,000		266,000	236,000			266,000	
支店	401,200		—			401,200				
備品	200,000		120,000						320,000	
備品減価償却累計額		72,000		43,200		57,600				172,800
支払手形		252,400		125,000						377,400
買掛金		267,000		169,400						436,400
借入金		400,000		160,000						560,000
本店		—		401,200	401,200					
資本金		600,000								600,000
売上		2,152,000		1,255,200				3,407,200		
受取手数料		9,000		4,800		4,600		18,400		
雑収入		4,680		2,920				7,600		
仕入	1,490,000		1,068,800		236,000	266,000	2,528,800			
給料	160,000		80,000				240,000			
支払家賃	90,000		50,000		40,000		180,000			
保険料	48,000		36,000			18,000	66,000			
広告費	64,000		40,000				104,000			
消耗品費	80,000		36,000			52,000	64,000			
支払利息	5,200		2,800		3,800		11,800			
	3,769,000	3,769,000	2,166,400	2,166,400						
（**消耗品**）					52,000				52,000	
貸倒引当金繰入					1,400		1,400			
減価償却費					57,600		57,600			
（**前払**）保険料					18,000				18,000	
（**未払**）利息						3,800				3,800
（**未払**）家賃						40,000				40,000
（**未収**）手数料					4,600				4,600	
当期純（**利益**）							179,600			179,600
					1,080,600	1,080,600	3,433,200	3,433,200	2,388,000	2,388,000

解　説

本店と支店の数値を合算して仕訳を行っても問題ありません。

⑴決算整理

<本　店>

①売上原価の算定

(借)仕　　入 150,000 (貸)繰越商品 150,000

(借)繰越商品 130,000 (貸)仕　　入 130,000

②貸倒引当金の設定

(借)貸倒引当金繰入 404 (貸)貸倒引当金 404

¥410,800×3％－¥11,920＝¥404

③固定資産の減価償却

(借)減価償却費 36,000 (貸)備品減価償却累計額 36,000

(¥200,000－¥200,000×10％)÷5年＝¥36,000

④消耗品の処理

(借)消　耗　品 36,000 (貸)消耗品費 36,000

⑤保険料の繰延べ

(借)前払保険料 12,000 (貸)保　険　料 12,000

⑥支払利息の見越し

(借)支払利息 2,400 (貸)未払利息 2,400

⑦支払家賃の見越し

(借)支払家賃 24,000 (貸)未払家賃 24,000

⑧受取手数料の見越し

(借)未収手数料 3,000 (貸)受取手数料 3,000

<支　店>

①売上原価の算定

(借)仕　　入 86,000 (貸)繰越商品 86,000

(借)繰越商品 136,000 (貸)仕　　入 136,000

②貸倒引当金の設定

(借)貸倒引当金繰入 996 (貸)貸倒引当金 996

¥189,200×3％－¥4,680＝¥996

③固定資産の減価償却

(借)減価償却費 21,600 (貸)備品減価償却累計額 21,600

(¥120,000－¥120,000×10％)÷5年＝¥21,600

④消耗品の処理

(借)消　耗　品 16,000 (貸)消耗品費 16,000

⑤保険料の繰延べ

(借)前払保険料 6,000 (貸)保　険　料 6,000

⑥支払利息の見越し

(借)支払利息 1,400 (貸)未払利息 1,400

⑦支払家賃の見越し

(借)支払家賃 16,000 (貸)未払家賃 16,000

⑧受取手数料の見越し

(借)未収手数料 1,600 (貸)受取手数料 1,600

⑵支店勘定と本店勘定の相殺

(借)本　　店 401,200 (貸)支　　店 401,200

テキスト p.9-6～9-10
参照

Chapter 10 帳簿組織

Section 1 帳簿組織（単一仕訳帳制）

問題1 単一仕訳帳制

仕　訳　帳　　1

×1年		摘要		元丁	借方	貸方
4	1	（売掛金）		5	*8,000*	
			（売　上）	31		*8,000*
	5	（仕　入）	諸　口	41	*5,000*	
			（買掛金）	15		*4,700*
			（現　金）	1		*300*
	10	（受取手形）		4	*12,000*	
			（売掛金）	5		*12,000*
	15	諸　口	（受取手形）	4		*10,000*
		（現　金）		1	*9,000*	
		（手形売却損）		55	*1,000*	

現　金　1

×1年		摘要	仕丁	借方	×1年		摘要	仕丁	貸方
4	1	前月繰越	✓	100,000	4	5	仕　入	1	300
	15	受取手形	1	9,000					

受取手形　4

×1年		摘要	仕丁	借方	×1年		摘要	仕丁	貸方
4	1	前月繰越	✓	50,000	4	15	諸　口	1	10,000
	10	売掛金	1	12,000					

売掛金　5

×1年		摘要	仕丁	借方	×1年		摘要	仕丁	貸方
4	1	前月繰越	✓	80,000	4	10	受取手形	1	12,000
	〃	売　上	1	8,000					

買掛金　15

×1年		摘要	仕丁	借方	×1年		摘要	仕丁	貸方
					4	1	前月繰越	✓	70,000
						5	仕　入	1	4,700

売　上　31

×1年		摘要	仕丁	借方	×1年		摘要	仕丁	貸方
					4	1	売掛金	1	8,000

仕　入　41

×1年		摘要	仕丁	借方	×1年		摘要	仕丁	貸方
4	5	諸　口	1	5,000					

手形売却損　55

×1年		摘要	仕丁	借方	×1年		摘要	仕丁	貸方
4	15	受取手形	1	1,000					

解　説

⑴普通仕訳帳の記入
科目が複数ある場合には、上に「諸口」と記入します。
⑵総勘定元帳の記入
相手科目が複数ある場合には、「諸口」と記入します。

テキスト p.10-2~10-4
参照

■監修

新田 忠誓　商学博士（一橋大学）

一橋大学名誉教授

日本簿記学会顧問、一般社団法人　資格教育推進機構代表理事

1977年　一橋大学大学院商学研究科博士課程単位修得

神奈川大学経済学部、慶應義塾大学商学部、一橋大学商学部・商学研究科などを経て、現在、一橋大学名誉教授

公認会計士・不動産鑑定士・税理士試験委員など歴任。

■編著

桑原 知之（ネットスクール株式会社）

■制作スタッフ

藤巻健二　中嶋典子　石川祐子　吉永絢子　吉川史織

■表紙デザイン

株式会社スマートゲート

本書の発行後に公表された法令等及び試験制度の改正情報、並びに判明した誤りに関する訂正情報については、弊社 WEB サイト内の**『読者の方へ』**にてご案内しておりますので、ご確認下さい。

https://www.net-school.co.jp/

なお、万が一、誤りではないかと思われる箇所のうち、弊社 WEB サイトにて掲載がないものにつきましては、**書名（ＩＳＢＮコード）と誤りと思われる内容**のほか、お客様の**お名前**及び**ご連絡先（電話番号）**を明記の上、弊社まで**郵送または e-mail** にてお問い合わせ下さい。

＜郵送先＞　〒 101 － 0054

東京都千代田区神田錦町 3 － 23 メットライフ神田錦町ビル 3 階

ネットスクール株式会社　正誤問い合わせ係

＜ e-mail ＞　seisaku@net-school.co.jp

※正誤に関するもの以外のご質問、本書に関係のないご質問にはお答えできません。

※**お電話によるお問い合わせはお受けできません。**ご了承下さい。

※回答及び内容確認のためにお電話を差し上げることがございますので、必ずご連絡先をお書きください。

全経　簿記能力検定試験　公式問題集　２級商業簿記

2024年２月20日　初版　第１刷発行

監修者	新田忠誓
編著者	桑原知之
発行者	桑原知之
発行所	ネットスクール株式会社 出版本部
	〒101-0054　東京都千代田区神田錦町3-23 電話　03（6823）6458（営業） FAX　03（3294）9595 https://www.net-school.co.jp/
DTP制作	ネットスクール株式会社
印刷・製本	日経印刷株式会社

ISBN 978-4-7810-0361-0